FRIEDHELM NIGGEMEIER

BEGEGNUNGEN

ALFRED ANDERSCH UND ERNST BARLACH

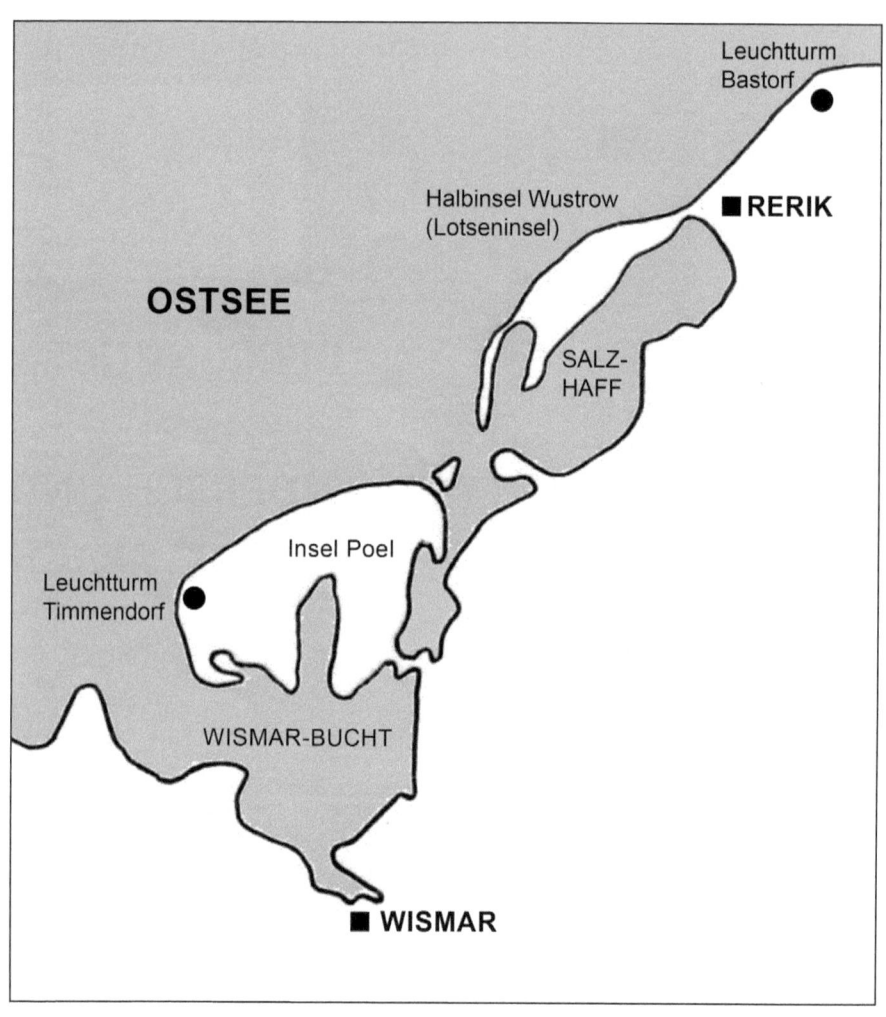

Reale und fiktive Handlungsorte des Romans „Sansibar oder der letzte Grund"

FRIEDHELM NIGGEMEIER

BEGEGNUNGEN

ALFRED ANDERSCH UND
ERNST BARLACH

„Sansibar oder der letzte Grund"
und der
„Lesende Klosterschüler"

Bibliografische Information Der Deutschen Bibliothek

Die Deutsche Bibliothek verzeichnet diese Publikation in der
Deutschen Nationalbibliografie; detaillierte bibliografische Daten sind
im Internet über http://dnb.ddb.de abrufbar

Impressum

Herstellung und Verlag
Books on Demand GmbH
Norderstedt 2010

Satz und Einbandgestaltung
Media Speicher, Frank Eichhorn
www.mediaspeicher.com

Lektorat
Bernd Nevries

ISBN: 978-3-8391-7071-7

Inhalt

Vorwort

Alfred Anderschs Roman „Sansibar oder der letzte Grund", veröffentlicht im Jahre 1957, ist das bekannteste Werk des Autors. Der Roman spielt in Rerik, einem kleinen Ostseebad zwischen Wismar und Rostock.

Das Buch ist schon wegen seines Inhaltes populär. Der Titel verweist auf eine ferne Insel östlich von Afrika. Der Traum von der Insel Sansibar ist „der letzte Grund" für einen 15jährigen Jungen, der sich in Gedankenspielen von seinem langweiligen Heimatort Rerik zu entfernen versucht. Weitere Personen denken an eine Flucht oder müssen, um zu überleben, aus dem Deutschland des Jahres 1937 fliehen: Letzteres gilt besonders für eine Jüdin. Ein kommunistischer Funktionär organisiert nach heftigem Widerstand seines Parteifreundes, eines Fischers, schließlich die Flucht. Der Roman ist auch wegen der Plastik „Lesender Klosterschüler" von Ernst Barlach sehr beliebt. Sie steht in der Kirche eines protestantischen Geistlichen. Er möchte sie vor dem Zugriff der Nationalsozialisten retten, die Barlachs Werk als „entartete" Kunst auf ihren Listen stehen haben. Der „Lesende Klosterschüler" und die Jüdin werden schließlich mithilfe des Fischers nach Schweden gerettet.

Alfred Andersch ist einer der ersten Nachkriegsautoren, der seinen Blick auf das Alltagsleben der Menschen im Dritten Reich richtet und dabei nicht den kämpfenden und leidenden Soldaten in den Vordergrund stellt. Ihm gelingt es anhand exemplarischer Figuren, Probleme wie Antisemitismus, Euthanasie, Widerstand, Freiheit und Flucht herauszustellen.

Ein weiterer Grund für die Beliebtheit des Romans ist die Faszination, die von den Stadt- und Landschaftsbeschreibungen Anderschs ausgehen. Die Wahl des Handlungsortes Rerik lässt besonders nach der Vereinigung von Ost und West viele Touristen die lokalen Spuren des Romans suchen. Ihnen geht es dabei auch um eine Begegnung mit der Plastik Barlachs.

Im vorliegenden Text findet der Leser Klärungen, nicht Aufklärungen, zu den fiktiven und realen Handlungsorten. Er wird, um Anderschs Roman zu erfassen, ein räumliches Dreieck in Mecklenburg bereisen, dessen Eckpunkte Rerik, Wismar und Güstrow sind. Bei der Spurensuche wird der Besucher der Region fasziniert sein von der einmaligen Landschaft mit dem Salzhaff.

Die Reise nach Güstrow durch die wellige weite Moränenlandschaft bringt ihn schließlich nicht nur zur Hauptfigur des Romans, dem „Lesenden Klosterschüler", sondern auch zur Lebens- und Wirkungsstätte des Künstlers Ernst Barlach, der an dem System der Nationalsozialisten zerbrach.

Hier lässt sich ein zweites imaginäres, geistiges Dreieck zeichnen, an dessen Spitze die Holzplastik steht und an dessen beiden Basispunkten Barlach als bildnerischer Schöpfer der Skulptur und Andersch als Romanerzähler sich begegnen. Der Leser erfährt auch, weshalb Andersch diesen Künstler und die mecklenburgische Region als Hintergrund für seinen Roman gewählt hat. Schließlich wird versucht, Berührungspunkte zwischen Barlach und Andersch aufzuzeigen.

Der Reisende findet „Anleitungen" zum Sehen, das über das touristische Sehen hinaus gehen kann, wenn er bereit ist, sich den Dingen und der Natur zu öffnen. Neben den Reiseschilderungen Anderschs sind es auch die weniger bekannten literarischen Landschafts- und Naturbeschreibungen Barlachs, die dazu beitragen können.

Die Lektüre eines außergewöhnlichen Romans kann zwar Anlass zur Reise sein, ist aber nicht als Reiseführer zu sehen, da Andersch Landschafts-, Orts- und Kunstbeschreibungen als Mittel einsetzt, um existenzielle Schicksale von Menschen in einer unsäglichen Zeit zu verbildlichen.

Literatur, Kunst, Ästhetik und Natur verbinden Alfred Andersch und Ernst Barlach. Ihre Lebensschnittmenge sind die 20er und 30er Jahre des vorigen Jahrhunderts, als die erste deutsche Demokratie auch an der Ideologie des Nationalsozialismus scheiterte und die Deutschen sich in den 2. Weltkrieg führen ließen. Der schreibende Bildhauer Barlach und der ästhetische Schriftsteller Andersch setzten sich aktiv mit der Diktatur auseinander. Ihr Widerstand, der

Andersch gesellschaftliches Bewusstsein für die neue Demokratie schärfte, soll aufgezeigt werden. Bei beiden stehen der Mensch und die Freiheit im Mittelpunkt ihres künstlerischen Handelns, das damit auch ein gesellschaftliches ist.

Alfred Anderschs Roman „Sansibar oder der letzte Grund"

Alfred Anderschs Roman „Sansibar oder der letzte Grund" (AA SG) spielt im Jahre 1937 an nur einem Tag. Fiktiver Handlungsort ist der kleine Fischereihafen Rerik nordöstlich von Wismar an der Ostseeküste, am Salzhaff gelegen. Der verschlafene Ort ist Ausgangspunkt für Fluchtvorhaben verschiedener Menschen, aus deren Perspektive die Handlung abwechselnd erzählt wird.

Da ist der Fischerjunge, der in der Insel Sansibar den letzten Grund findet, seinen langweiligen Heimatort zu verlassen. Die Möglichkeit hierzu kommt von außen.

Gregor, ein Funktionär der verbotenen Kommunistischen Partei, soll den örtlichen Parteigenossen nach intensiver Parteischulung das neue System der Untergrundarbeit vermitteln. Selbst unzufrieden mit der Partei, sieht er in der Hafenstadt und in der Begegnung mit der Plastik „Lesender Klosterschüler" von Ernst Barlach die Chance zur Flucht ins Ausland. Sein Kontaktmann ist der Fischer Knudsen, dessen Frau Bertha wegen ihrer Geistesverwirrtheit in Gefahr steht, verhaftet zu werden.

Für Knudsen ist die Partei gestorben, da sie nicht rechtzeitig einen Aufstand gegen die „Anderen", wie die Nazis im Roman nur genannt werden, organisiert hat.

Pfarrer Helander, Kriegsversehrter aus dem Ersten Weltkrieg, will die Plastik von Ernst Barlach aus seiner Kirche nach Schweden transportieren lassen, da sie von den Nazis als „entartet" beschlagnahmt werden soll.

GREGOR

Es ist möglich, dachte Gregor, vorausgesetzt, man ist bedroht, die licht stehenden Kiefern als Vorhang anzusehen. Etwa so: offen sich darbietende Konstruktionen aus hellen Stangen, von denen mattgrüne Fahnen unterm grauen Himmel regungslos wehten, bis sie sich in der Perspektive zu einer Wand aus flaschenglasigem Grün zusammenschlossen. Die fast schwarz makadamisierte Straße deutete man dann als Naht zwischen den beiden Vorhanghälften, man trennte sie auf, indem man sie mit dem Fahrrad entlang fuhr; nach ein paar Minuten würde der Vorhang sich öffnen, um den Blick auf das Szenarium freizugeben: Stadt und Meeresküste.

(AA SG, S.8)

Der Jüdin Judith bleibt nach dem Selbstmord der Mutter nur die Flucht, wenn sie nicht im Konzentrationslager umkommen will.

In Gregor bündeln sich schließlich die Aktionen: Er organisiert nach einer eindringlichen Begegnung mit dem „Lesenden Klosterschüler" sowohl die Rettung der Holzfigur als auch der Jüdin über die Ostsee nach Schweden; der Junge bekommt seinen ersten großen Auftrag, das Beiboot mit den Flüchtenden zum Kutter des Fischers zu steuern; Knudsen wird mit Gewalt zur Fluchtbeihilfe gezwungen. Gregor selbst nimmt die Chance zur Flucht nicht wahr, Knudsen und auch der Junge kehren nach der gelungenen Aktion wieder zurück. Helander „opfert" sich, nachdem die Gestapo die „Flucht" der Skulptur festgestellt und er selbst einen Gestapobeamten erschossen hat. Der „Lesende Klosterschüler" und die Jüdin sind gerettet.

Der Roman ist ein Beispiel für die klassisch-dramatische Einheit von Zeit, Ort und Handlung. Neben der knappen erzählten Zeit von etwas mehr als 24 Stunden steht die historische Zeit von 1937, in der die Ereignisse eingebettet sind. Die Nazis sind fest an der Macht. Auf die Jüdin Judith und die beiden Kommunisten Gregor und Knudsen warten Konzentrationslager; Knudsens Frau gilt wegen ihrer Krankheit als „lebensunwerte" Person; Pfarrer Helander, der Bekennenden Kirche zugehörend und damit dem Widerstand verpflichtet, ist unabhängig von seiner Aktion „Lesender Klosterschüler" ebenfalls gefährdet; schließlich ist es auch die Kunst selbst, hier vertreten durch eine Holzskulptur Ernst Barlachs, die als „entartet" an den Pranger gestellt wird.

Der Handlungsort des Romans ist ausschließlich Rerik mit dem angrenzenden Haff; lediglich im letzten Kapitel überquert Knudsen mit dem Boot die Ostsee, um die Skulptur und Judith nach Schweden zu bringen.

Allen Personen ist das Fluchtmotiv gemeinsam. Diese Flucht, ob nun am Ende wahrgenommen oder nicht, bündelt sich in der Figur des „Lesenden Klosterschülers". Erst seine Rettung gibt den wenigen Handelnden die Chance, ihr Leben neu zu sehen. Die einzige tragische Ausnahme ist Pfarrer Helander. Er gibt den Anstoß zur Aktion und wird nach erfolgreich abgelaufener Rettungsaktion erschossen.

Neben dieser Gemeinsamkeit lassen sich die Personen aber auch antipodisch zu Gruppen zusammenfassen: die Einheimischen und die Fremden; diejenigen, die eine Flucht erhoffen, und die anderen, die bleiben wollen bzw. müssen; die aktiv Widerstand Leistenden und die passiv Verfolgten; die Proletarier und die Bürger; die Atheisten, Christen und Juden und schließlich die Jungen und die Älteren. Eine Flucht für sich erhoffen der Junge, Knudsen, Gregor, Judith und für die Kunst in Form des „Lesenden Klosterschülers". Es bleiben aus unterschiedlichen Motiven Knudsen, der Junge und Gregor. Helanders Verbleib bedeutet für ihn den Tod. Nur der Jüdin und dem „Lesenden Klosterschüler" gelingen die Flucht.

Alle Personen sind isoliert. Dies zeigt sich schon in der Anordnung der Kapitel. Jedes der 37 Kapitel hat die Namen der Handelnden als Überschrift, 19 Kapitel beziehen sich auf den Jungen; in nur acht Kapiteln handeln zwei oder drei Personen. Erst im 12. Kapitel kommt es zur direkten Begegnung zweier Personen. Dem Jungen sind nicht nur mehr als die Hälfte der Kapitel zugeordnet, sondern die Schrifttype seiner Kapitel ist kursiv gesetzt. Damit wird die besondere Bedeutung des Jungen hervorgehoben. Obwohl zunächst nur auf sich bezogen, ohne Teilnahme an den politischen Verhältnissen beschrieben, reift er mit seiner ersten großen Aufgabe zum Erwachsenen heran, um sich dann am Ende des Buches für Knudsen zu entscheiden und mit ihm nach Rerik zurückzukehren.

DIE FISCHER

*Nein, dachte Gregor, nicht vom Meer hängt es ab, ob ich fliehen kann. Das Meer
trägt. Es hängt von Matrosen und Kapitänen ab, von schwedischen oder dänischen
Seeleuten, von ihrem Mut oder ihrer Geldgier, und wenn es keine schwedischen oder
dänischen Seeleute gibt, so hängt es von den Genossen in Rerik ab, von den Genossen mit ihren Fischkuttern, es hängt von ihren Blicken und Gedanken ab, davon,
dass ihre Blicke ein Abenteuer anvisieren, ihre Gedanken eine leichte, Segel setzende
Bewegung ausführen können. Es wäre einfacher, dachte Gregor, vom Meer abhängig
zu sein, statt von den Menschen.*

(AA SG, S. 8)

Suche nach den realen Handlungsorten

Wer die Handlungsorte des Romans aufsuchen will, muss in mehrere Orte in Mecklenburg-Vorpommern reisen. Dabei bilden die Städte Wismar, Rerik und Güstrow gleichsam ein imaginäres Dreieck.

Rerik: real oder fiktiv?

Der Ort Rerik hieß bis 1938 Alt Gaarz. Die Nationalsozialisten verliehen gleichzeitig mit der aus völkischen Gründen erfolgten Umbenennung dem kleinen Fischerort den Namen Rerik und die Stadtrechte. Andersch übersah dies bei seinen Recherchen, als er die Handlung ins Jahr 1937 verlegte.

Sucht man die Spuren des Romans, so fällt dem aufmerksamen Besucher des Ostseebades sofort auf, dass das reale Rerik nicht Handlungsort des Romans sein kann. Es gibt zwar einen Hafen, aber keine großen Schiffe, die nach Schweden fahren könnten, wohl einige Fischerboote, Jachten und einen Ausflugsdampfer für das flache, maximal drei Meter tiefe Wasser des Haffs. Ebenso sucht man eine Werft vergebens. Es gibt zudem keinen Bahnhof, in dem Judith von Lübeck aus hätte angekommen sein können. Die Suche nach den im Roman beschriebenen sechs Türmen der fünf Kirchen ist schnell abgeschlossen.

Rerik hat nur eine Dorfkirche mit einem mächtigen Westturm. Betritt der Besucher das evangelische Gotteshaus aus der Zeit der Gotik, so ist er zwar beeindruckt von der barocken Innenausgestaltung, aber die Suche nach dem „Lesenden Klosterschüler" verläuft ergebnislos. Auch findet sich in der Nähe des Wassers kein Gasthof zum „Wappen von Wismar", in den Judith hätte einkehren können.

Jedoch ein Erlebnis wird den Besucher eindrucksvoll an Anderschs Roman erinnern. Besteigt er die Anhöhe auf den Dünen, so hat er von einer Aussichtsplattform aus einen beeindruckenden Blick einmal auf das offene Wasser der Ostsee, zum anderen auf die schmale Landzunge der Halbinsel Wustrow, die das südwestlich liegende Salzhaff von der Ostsee trennt. Der Name Wustrow stammt aus dem Slawischen und heißt Insel. Schweift der Blick ins Landesinnere, wird er je nach Jahreszeit ein „Schachbrett aus rerikroten Feldern" wahrnehmen (AA SG, S. 84).

Das Romandreieck: Wismar – Güstrow – Rerik/Salzhaff

Wismar

In Wismar gibt es einen Bahnhof. Hier kommt Judith im Roman mit dem Zug aus Lübeck an. Sie ist enttäuscht von diesem Ort. Deshalb geht sie durch die Stadt hindurch zum Hafen. „Dort konnte sie ein Stück von der offenen See erblicken". (AA SG, S.19f) Das stimmt mit der Realität überein. Am Hafen kämen einige Gasthäuser als „Wappen von Wismar" mit Blick auf den Kai infrage. Es gibt einen Überseehafen, von dem aus größere Schiffe den Ostseeraum befahren. Der Alte Hafen dient heute noch, wenn auch nur in geringem Maße, als Fischereihafen.

Andersch lässt Gregor sich mit dem Fahrrad der Stadt auf einer Asphaltstraße nähern. Gregor beschreibt das Panorama der Stadt mit seinen fünf „maßlosen Ziegelkirchen" so: „Sie war nichts als ein dunkler, schieferfarbener Strich, aus dem die Türme aufwuchsen, sechs Türme. Ein Doppelturm und vier einzelne Türme, die Schiffe ihrer Kirchen weit unter sich lassend, als rote Blöcke in das Blau der Ostsee eingelassen, ein riesiges Relief." (AA SG, S. 21 f.)

Die Kirchen sind heute nur noch zum Teil erhalten. Eine Kirche mit einem Doppelturm gibt es dort nicht, Lübeck hat solch eine Kirche. St. Georgen ist Helanders Kirche. Der mächtige Kirchenbau, im Krieg stark zerstört, wird zurzeit wiederhergestellt. Aber auch in ihr würde man den Klosterschüler „am Fuß des nordöstlichen Pfeilers der Vierung" nicht finden (AA SG, S. 29), er hat hier nie einen Platz gefunden.

Als weitere Kirche erwähnt Andersch die Nicolaikirche, die, da unzerstört, heute noch einen überwältigenden Eindruck der norddeutschen Backsteingotik vermittelt. Helanders „Amtsbruder der Nicolaikirche" kommentiert die Plastik des „Lesenden Klosterschülers" abwertend: „Diese modernen Dinger gehörten sowieso nicht in die Kirche." (AA SG, S. 29) Er trifft damit den Zeitgeist, auf den die Nationalsozialisten nur zurückgreifen mussten, um ihre Auffassung von „entarteter" Kunst mühelos durchzusetzen. Auch die Marienkirche in unmittelbarer Nachbarschaft zur Georgenkirche erwähnt Andersch. Zu diesem Amtsbruder ist Helander erst gar nicht gegangen, um Unterstützung für seinen Klosterbruder zu finden, „der gehörte zu den Anderen" (AA SG, S. 30). Von der Marienkirche steht nur noch der mächtige Turm. 1960 ließ die SED das Kirchenschiff sprengen. Die Suche nach dem Klosterschüler führt nach Güstrow.

Güstrow

In Güstrow lebte und arbeitete der expressionistische Bildhauer und Dramatiker Ernst Barlach (1870 - 1938). Eines seiner bekanntesten Werke ist das Güstrower Ehrenmal, genannt „Schwebender Engel", hängt als Bronzeguss im Dom. In Güstrow verdichten sich Barlachs Erfahrungen mit den Nationalsozialisten.

Den „Lesenden Klosterschüler" findet man in der Gertrudenkapelle. Die Plastik ist aus Holz geschnitzt und mit 115 cm mehr als doppelt so groß wie im Roman angegeben. Andersch musste sie „verkleinern", denn sie sollte transportabel für die Flucht mit dem Ruderboot sein. Steht man ihr gegenüber, empfiehlt es sich, Anderschs Beschreibung der Figur zur Hand zu haben. Selten hat ein Dichter so einfühlsam ein Kunstwerk beschrieben. Nur hier kann man Gregors Erkenntnis wirklich nachvollziehen: „Ich habe einen gesehen, der ohne Auftrag lebt. Einen, der lesen kann und dennoch aufstehen und fortgehen." (AA SG, S. 43f.)

Zusammen mit einem Besuch in Barlachs Atelierhaus etwas außerhalb Güstrows am Heidberg erschließt sich dem Interessenten ein umfangreiches Spektrum seines Werkes.

Das Salzhaff

Untersucht man die Fahrten des Fischerbootes und des Beibootes des Jungen, so steht das Haff im Mittelpunkt der Flucht. Problematisch wird die genaue

Rekonstruktion der Wege und Fahrten. Das Salzhaff beginnt in Rerik. Nordwestlich wird es von der Halbinsel Wustrow begrenzt. Diese läuft im Süden in eine lange schmale Landzunge aus, wegen der Schiffsform als „Kieler Ort" bezeichnet. Im Osten wird das Haff durch das Festland abgeschlossen. Mit dem Beiboot transportiert der Junge Gregor, Judith und den Klosterschüler über das Haff zur „Lotseninsel". Knudsen erläutert sie Gregor: „Die Lotseninsel ist keine richtige Insel, sie ist bloß eine lange Halbinsel." (AS SG, S. 89) Eine Lotseninsel gibt es jedoch nicht hier, sondern in Schleswig-Holstein bei Dithmarschen in der Nordsee, die mit ihrem Wattenmeer und den Prielen den Gezeiten unterworfen ist. Das Salzhaff wird von der Insel Wustrow als Nehrungshalbinsel bis auf einen kleinen Spalt im Südwesten abgeschlossen. Weiter südlich liegt die Insel Poel, die Wismar nördlich vorgelagert ist.

Gregor trägt die in Stoff eingeschlagene Plastik zusammen mit Judith von der Georgenkirche zur östlichen Haffseite, zu dem am Ufer wartenden Jungen. Das Beiboot legt vom Festland ab und macht auf der westlichen Seite der Halbinsel fest. Knudsen fährt aus Sorge über eine Entdeckung durch das Zollboot mit dem Fischerboot aus dem Haff heraus und wartet auf der Seeseite der Halbinsel.

Der Junge rudert das Beiboot mit Judith, Gregor und dem „Lesenden Klosterschüler" zunächst entlang des Festlandufers. Gregor sieht den Lichtstrahl des Leuchtturms: „Gegen das Haff zu war das Lampengehäuse des schwarz und weiß gebänderten Turmes abgeschirmt". Zwei Leuchttürme gibt es im näheren Umkreis von Rerik: der erste, rot mit Backsteinen abgesetzt, steht bei Bastorf, sechs Kilometer östlich von Rerik. Sein Licht ist vom Haff aus zu sehen. Der andere, dunkelbraun-weiß, befindet sich im kleinen Fischerhafen Timmendorf an der Westküste der Insel Poel, 19 km südwestlich von Rerik und 12 km nördlich von Wismar. Dieser strahlt sein Licht Richtung Nordwesten in die Fahrrinne der Wismarer Bucht. Die Realitäten stimmen nicht mit dem Buch überein, denn Gregor konnte vom Haff aus die „Lichter von Rerik" nicht sehen, „das südliche Ufer des Haffs verbarg die Stadt, die in einer weiteren kleinen Bucht landein lag" (AA SG, S. 124). Rerik liegt nördlich, südwestlich des Haffs befindet sich die Insel Poel und erst dahinter Wismar am Ende der Wismarer Bucht. Das Ruderboot überquert das Haff an der schmalsten Stelle. Von dieser aus gehen der Junge, Judith und Gregor mit dem Klosterschüler über die schmale Landzunge der Halbinsel, um zu Gregors Fischerboot auf der westlichen Seeseite zu gelangen. Gregors Rückweg soll nach Knudsens Aussage zu Fuß durch Wasserläufe mit „seichten Stellen" (AA SG, S. 90) erfolgen. Dies ist in der Realität bei einer maximalen Wassertiefe des Haffs von drei Metern jedoch nicht möglich.

Rerik

Rerik ist fiktiver Handlungsort des Romans. Rerik vereinigt sowohl Wismar mit seinen Kirchtürmen und den Übersee- und Fischereihäfen und Güstrow mit der Hauptfigur des „Lesenden Klosterschülers" als auch das Haff als Weg in die Freiheit, sowohl für die Plastik als auch für die Jüdin. Der Roman dokumentiert nicht bestimmte Ereignisse und Örtlichkeiten. Andersch fixiert Strukturen der Zeit des Nationalsozialismus (Judenverfolgung, „Entartete Kunst", christlicher und kommunistischer Widerstand, Euthanasie) in dem kleinen Fischerort an der Ostsee. Rerik ist Sinnbild einer Kleinstadt im Dritten Reich, in der Menschen nicht nur gelähmt und ohnmächtig vor den „Anderen" sind, sondern in der Menschen sich wandeln und handeln, um ihren Anteil am Widerstand zu leisten. Rerik ist Sinnbild der aktiv Helfenden und der Opfer der „Anderen". Schließlich ist Rerik auch die Welt des Jungen, der Jugendlichen, die von „Sansibar in der Ferne, Sansibar hinter der offenen See" träumen dürfen (AA SG, S. 82).

Für den Autor war die Begegnung mit dieser Landschaft ein wesentlicher Grund zum Schreiben des Romans, wie er in einem Interview auf die Frage nach der Entstehung ausführt: „Durch die immer anhaltende, allmählich eine Art magischer Qualität annehmende Erinnerung an eine Wanderung, die ich im Jahre 1938 an der mecklenburgischen Ostseeküste unternahm." (HB WG, S.

DER JUNGE

Der Junge ging zum Fenster, von dem aus man die ganze Stadt überblicken konnte, er sah auf die Türme im Flutlicht und auf die Ostsee, die eine dunkle Wand ohne Tür war. Auf einmal fiel ihm der dritte Grund ein. Während er auf Rerik blickte, dachte er Sansibar, Herrgott noch mal, dachte er, Sansibar und Bengalen und Mississippi und Südpol. Man musste Rerik verlassen, erstens, weil in Rerik nichts los war, zweitens, weil Rerik seinen Vater getötet hatte, und drittens, weil es Sansibar gab, Sansibar in der Ferne, Sansibar hinter der offenen See, Sansibar oder den letzte Grund.

(AA SG, S. 82)

122) In seinem biografischen Bericht „Die Kirschen der Freiheit" thematisiert Andersch diese Erinnerung erstmals literarisch: „Suchte das Meer auf, das ich nun endlich sah, grellblau hinter den roten Riesentürmen von Wismar, opalgrau jenseits der Deiche von Husum." (AA KF, S. 56)

In der Hörspielfassung des Romans „Aktion ohne Fahnen" schildert Andersch sehr detailliert als Erzähler einleitend die Region seiner Romanhandlung: „Ich erinnere mich einer Wanderung entlang der Küste Mecklenburgs, im Spätherbst 1938. Die letzten Badegäste hatten Brunshaupten (das heutige Kühlungsborn, Anmerkung des Verfassers) und Heiligendamm verlassen, die Sandstrände lagen leer und weiß zwischen den Kiefersäumen und dem Meer, das blau, ultramarinblau und unaufhörlich, sich vor der Küste entrollte. Der Wind vom Meer wusch den Himmel klar, er fegte um die dunkelroten Türme der Kirchen, der Kirchen von Lübeck und Wismar, Doberan und Rostock." (AA AF MS, S. 3ff) Hier beschreibt Andersch die Wahrnehmung einer Landschaft mit seinen Städten nur vordergründig aus der Sicht eines reisenden Touristen. Zu zeigen ist, wie er diese Reiseerfahrungen literarisch im Roman „Sansibar" verarbeitet hat.

Vom Reisen und Bleiben

Alfred Andersch
Landschaften, Orte, Farben, Formen, Stimmungen

Lange bevor Andersch seine Reise-Erfahrungen schriftlich niederlegt, ist er schon ins Ausland gereist, so 1934 und 1935 nach Italien, 1936 in die Schweiz. Auch der Krieg verschafft ihm in Dänemark und Italien Reiseeindrücke. Er reist auch durch deutsche Lande: Nordwestdeutschland, Thüringen, Sudetenland und die Eifel. In Italien gelingt ihm die Flucht zu den Amerikanern. Anschließend ist er in einem Camp in Rhode Island an der Ostküste Amerikas als Kriegsgefangener interniert.

1966 fragt sich Alfred Andersch „Warum reist man? Warum ist der Mensch, den man als denkendes Wesen, als zoon politikon, als das Tier, das lacht, und als alles mögliche sonst definiert hat, vor allem auch ein Geschöpf, das reist? Was ist es, das in uns tickt, wenn wir beschließen, auf Reisen zu gehen?" Seine zunächst vordergründigen Antworten wie Erholung, Bildung und Geschäfte lässt er nur vorläufig gelten und fragt sich, „inwieweit sie bei dem heutigen Stand keine Gründe sind, sondern nur noch Vorwände, Illusionen, die zu Enttäuschungen führen, zu Entfremdungen von der Welt in einem System der Ausbeutung durch Reise-Unternehmer." (AA RW, S. 101f.) Andersch stellt die Frage auch als Betroffener, als Aktiver, der in die Welt hinausging und sie durch Wanderungen und Reisen zu erschließen versuchte. Viele Orte und Landschaften mit unterschiedlichen Charakteren wurden von ihm aufgespürt und vorwiegend auch literarisch verarbeitet, entweder direkt in der Form des klassischen Reiseberichtes oder indirekt in seinen Gedichten, Erzählungen und Romanen.

Zu seinen klassischen Reiseberichten gehören z. B. „Wanderungen im Norden" (1962) und „Hohe Breitengrade oder Nachrichten von der Grenze" (1969). Der Sammelband „Aus einem römischen Winter" (1966/1972), mit „Reisebilder" untertitelt, umfasst Texte über Rom, Sardinien, die Lombardei, Brügge, Amsterdam, London und Norwegen.

Andersch sieht in dem Touristen eine Schlüsselfigur des 20. Jahrhunderts, der nur flüchtig um sich blickt: „Er fotografiert. Er erfährt wenig oder gar nichts von dem fremden Leben, das ihn umgibt. Er sucht Sehenswürdigkeiten auf, von denen er schon wusste, ehe er seine Reise antrat: Er las über sie, in Prospekten oder strengen Werken." Neben diesen Vorinformationen beherrscht ihn die „Lust nach der Fremde. Sie überwindet alle Bedenken, auch wenn sie sich während der Reise immer stärker mit Resignation mischt, mit der Erfahrung, dass er nichts erfährt, dass seine Anstrengung töricht war." Vorwissen und Realität klaffen weit auseinander. Erst wenn der Tourist alles vergisst, sich ganz öffnet, „dann geschieht das einzige Wichtige und Wesentliche, das ihm, dem Touristen, widerfahren kann: Er wird von Stimmungen berührt, von Farben, von Gerüchen, von Formen, von der Essenz fremden menschlichen Lebens oder von der Substanz toter Steine. Sein flüchtiger Blick wird für Momente brennend und intensiv, und der Geist der Länder entschleiert sich ihm." Er eilt nicht mehr an den Geheimnissen vorbei, sondern weiß, dass sie Zeichen aussenden, auf die er achtet, die er jetzt wahrnimmt. So wird er ein „Jäger des Augen-Blicks" (AA WiN, S. 217ff.).

Analysiert man Anderschs Reiseberichte mit den Augen des von ihm beschriebenen Idealtouristen, so finden sich zahlreiche Fundstücke des „wahren" Touristen.

In Norwegen sind die Blumen „dem Land eingestickt". Ein grün gestrichenes Lagerhaus in einem Fjord ist „in einem merkwürdigen Moosgrün, das dunkel wirkt, ohne Blau zu enthalten. Es spiegelt also den Himmel nicht wieder, sondern steht einfach da, grün und nüchtern, als warte es auf den Schnee und Kälte, um mehr zu sein als ein Lagerhaus" (AA WiN, S. 147).

Der Stadt Trondheim werden die Farben Hellgrau, Zimt und Reseda zugeordnet (AA WiN, S. 144). In Brügge notiert er sich die Farben der Treppengiebelhäuser: „Das erste war rosaweiß, das zweite gelb-grau mit einer grauen Kante, das dritte weiß-lila, das vierte weiß-bläulich, wobei gelbe Backsteine durch die Farbe schimmerten, das fünfte aus orange-roten Backsteinen, das sechste ebenfalls, nur waren seine Backsteine etwas heller getönt, das siebte war weiß-gelb, das achte hell-rot, dass neunte grau-violett, mit dunkel-roten Flecken dort, wo der Verputz abgebröckelt war. Ich brauche nicht zu betonen, dass das Ganze keinen Farbkasteneffekt ergab, sondern wie die Variationsreihe eines einzigen Lokaltones wirkte, der aus der Geschichte, den Elementen und den Eigenschaften des Materials entstanden ist." (AA RW, S. 33) Hier geht Andersch über eine reine Aufzählung der Farbnuancen weit hinaus: Stein und Putz sieht er in ihren Phasen des Alterungs- und Zerfallsprozesses.

Das nordische Licht ist für ihn nicht nur still. „Nach der Stille ist die andere Eigenschaft des Lichtes seine Durchsichtigkeit. Das Licht als durchsichtige Folie auch vor der noch dunklen Küste: weiße und blaue Häuser, die körperlos sind, Geisterquadrate aus schlummerndem Ultramarin, verschlafenem Weiß".

Die Eigenfarbe des Lichtes „hält sich schwebend zwischen Blau und Grau, mit Andeutungen eines sehr hellen eisigen Gelbs da und dort. Im Ganzen ergibt sie einen fahlen Eindruck, jedoch nicht fahl im Sinne von erloschener Farbe, sondern von Kälte und Ewigkeit. Würde das Blau, das seidige Grau nicht hin und wieder zu lockeren Substanzen in der Luft gerinnen, so wäre der Eindruck des Nichts überwältigend. Man wüsste dann, welche Welt uns im schwarzen Flügelschlag des Vogels ein Zeichen gäbe". (AA WiN, S. 135)

Die sprachliche Erfassung des Lichtes weist auf philosophische Phänomene hin; der schwarze Flügelschlag steht im Kontrast zum Licht und hebt das Nichts des Lichtes auf.

Wiederholt widmet Andersch Meeresküsten und Hafenstädten seine Aufmerksamkeit. So „versinkt" die niederländische Küste nicht, „sondern sie verschmilzt langsam mit dem Horizont des Meeres, wenn das Schiff die Schelde verlassen hat" (AA RW, S. 31). In seinem einzigen Gedichtband beschreibt er verschiedene Meere. Die Nordsee ist „schleierblau / auf den kristall-gittern / in gegenlicht-böen / achromatisch / zerfallend". Die Landschaft Amerikas, die er als Kriegsgefangener wahrnahm, ist „azur rostrot meerblau" (AA EE S. 14f); das Mittelmeer bei Griechenland: „das abendmeer ein blauer stein / zwischen den sanddunklen vorgebirgen" (AA EE, S. 28). Immer wieder faszinieren ihn Gebäude, besonders Kirchen. Diese sind für ihn mehr als nur steingewordene Religiosität. In einer norwegischen Stabkirche fasziniert ihn das Licht bzw. die Dämmerung des Innenraumes: „Aber da ist keine Decke dazwischen gezogen, das Dachdunkel sickert ungehindert nach unten". (AA WiN, S. 141f.) Die Löcher im Dach der aufgelassenen italienischen Rundkirche und die Regenspuren an der Wand überhöht er sprachlich: „Innen empfängt einen der weiße Tod." (AA RW, S. 79f.)

Nach seiner Desertion zu den Amerikanern in Italien reflektiert er angesichts der von Menschen verlassenen Häuser über die Freiheit: „In den Häusern ist keine Sicherheit mehr, weil in den Häusern keine Freiheit mehr lebt. Erst als Ruinen kehren die Häuser in die Freiheit zurück. Die Freiheit lebt in der Wildnis." (AA KF, S. 112) Aufschlussreich ist, dass er angesichts der Häuser, denen es an Freiheit mangelt, kurz vor seiner eignen Flucht seine erlebten Landschafts- und Stadtwildnisse gleichsam Revue passieren lässt. Er spannt den Bogen von der „Uferlinie des Wattenmeers bei Kampen", zu den Felsen von Cap Finistère, zu den Ostpyrenäen, der Camargue, den „zerschossenen Wäldern auf dem Kamm der Schneeeifel", dem „Brackwasser des Mississippi", den Wäldern von New Hampshire und Maine, zu den Stadtteilen von Rom, dem Hafen von Hamburg und dem Seine-Ufer in Paris (AA KF, S. 112). Für ihn sind dies Landschaften im erweiterten Sinne, die es dem Menschen ermöglichen, frei zu sein, sich selbst zu verwirklichen, wirklich Mensch zu sein. Es geht um mehr als ästhetische Beschreibungen, es geht um existenzielle Grundfragen.

In den Reiseberichten spiegeln sich Stimmungen und Gefühle, die die Orte und Landschaften auslösen, wider. Immer wieder überhöht der Autor seine Sprache, er geht vom eigentlichen Beschreibungsobjekt weg zu weiteren Sinnebenen.

Ernst Barlach
Italien, Güstrow und Russland

Gänzlich anders sind Barlachs Reiseerfahrungen. Dabei liegt der Grund nicht so sehr in den unzulänglicheren und belastenderen Formen der Fortbewegungsmittel und der Aufenthalte in fremden Orten zu seiner Zeit, sondern in seiner Grundeinstellung zur zeitlich-räumlichen Veränderung.

Italien und Güstrow

Barlach bekommt 1909 als Villa-Romana-Preisträger für neun Monate Gelegenheit, in Florenz zu studieren. Rückblickend reflektiert er das Reisen: „Ich kann nicht genug und nachdrücklich sagen, wie falsch für den Italienreisenden im Allgemeinen das Weitreisen ist, wenn er seine Heimat nicht kennt." Für ihn ist es „ein Unfug, nach Italien zu reisen. Man will sich doch nicht in unklarer Schwärmerei austoben, sondern sich am Beispiel gewesener hoher Kunst stärken und urteilsfähig machen, und das geht sehr wohl und leichter in Deutschland an." Er konkretisiert dies mit seiner Heimatstadt. „Güstrow kann sich sehr wohl neben eine toskanische Stadt stellen, meinem Rasseempfinden und -fühlen entsprechen die hiesigen Dome und die Pfarrkirche etc. mehr als die Marmordome". (EB Briefe I, Nr. 183)
Barlachs Beziehung zu seinem Lebensraum, von ihm als „Heimat" bezeichnet, löst bei ihm, wenn er auswärts weilt, Heimweh aus, dessen er sich „schämen und schelten" kann. Er fühlt sich als Mensch „der Ebene" und wünscht sich aus der südlichen Ferne: „Hätte ich nur hier den Gang über die Felder, ich würde mich wohler fühlen – die paar Linien und Flächen, darüber der ungeheure Himmel, auf dem die kleinen und großen des Ungeheuren sich darstellen können, sind mir unentbehrlicher und vielsagender als das Florenz da unten." Hier bezieht Barlach bildnerische Begriffe wie Linien und Flächen auf die norddeutsche Landschaft.
Ein wenig schränkt Barlach sein kritisches Italienbild ein, wenn er anmerkt: „Aber dass ich die Fresken und Bauten nicht wieder sehen soll, will mich doch bedenklich machen" (EB Briefe I, Nr. 183).
Auch an die Weltstadt Berlin, in der er fünf Jahre lebte, denkt er „mit Schauder und mit Graus". 1910 teilt er seinen Umzug mit: „Ich habe mein Schnecken-haus wieder nach Norden gezogen, diesmal mit Sack und Pack, Werkzeug und Arbeitsabsichten." (EB Briefe I, Nr. 212) 1927 kommen ihm erste Zweifel ob seines Glücks in dem neuen Haus: „Draußen im Heidberg habe ich einen

winterlich gepolsterten Winkel, wo ich die Abende schreibend zubringen kann, und lebe somit anscheinend ein Herren- und Hans-im-Glück-Leben.." (EB Briefe II, Nr. 691)

Die anfangs positive Grundstimmung Barlachs zu Güstrow ändert sich nach der Machtergreifung durch die Nationalsozialisten immer mehr ins Negative. Kurz nach der Abnahme des Ehrenmals im Güstrower Dom im Jahre 1937 stellt er fest, dass die Ereignisse auf seine „Vernichtung hinzielen". Er überlegt, ob er verreisen solle, ist sich aber darüber im Klaren, dass dies nicht die erhoffte Lösung bringen könne, denn „es fragt sich, was tun oder nicht tun, wenn man zurückkehrt". Ohnmächtig erkennt er: „Zum Arbeiten werde ich auf absehbare Zeit nicht kommen." (EB Briefe II, Nr. 1397)

Tragisch ist an seiner Lebenssituation die fehlende Rückzugsmöglichkeit in sein Heim, das ihm nicht mehr die Kraft und Ruhe geben kann. So schreibt er in seinem letzten Lebensjahr aus Güstrow: „Einstweilen gehe ich auf und ab, bin auch nur vorläufig wieder daheim, da, wo ich mich nicht heimisch fühle" (EB Briefe II, Nr. 1454). Zu dieser zunehmenden Entfremdung tragen auch die umfangreichen Abholzungsaktionen im Heidberg bei, die er 1938 als Metapher für seine Gesamtsituation in einem Brief erwähnt: „Der Wald wird immer kahler, und zusehends ändert sich die Landschaft, es wird nicht schöner mit jedem Tag. Ich wohne seit 1910 hier und bin als fremd, fast feindlich verschrien. Hab ich mich so sehr geändert? - - - -?" Die rhetorische Frage beantwortet sich von selbst: Die veränderte Landschaft weist auf die veränderten politischen Verhältnisse hin, das Fällen der Bäume symbolisiert die Entwurzelung des Menschen Barlach. Er ist seiner Kunst treu geblieben. Es verwundert nicht, dass er zwei Monate vor seinem Tode hoffnungslos notiert: „Ich verkaufe mein Anwesen, und es ist fast schon geschehen, ich gehe hin, wo es mir möglich ist, in einiger Ruhe vielleicht noch einige Jahre arbeiten zu können. Wohin aber, weiß ich heute noch nicht." (EB Briefe II, Nr. 1482)

NORDDEUTSCHE GOTIK

Güstrow kann sich sehr wohl neben eine toskanische Stadt stellen, meinem Ras-
seempfinden und –fühlen entsprechen die hiesigen Dome und die Pfarrkirche etc.
mehr als die Marmordome.

(Barlach, Briefe I, Nr. 163)

Ernst Barlach, Bühnenbild zum Drama „Der blaue Boll"
mit dem Güstrower Dom, 1926

Russland

Barlach befindet sich 1905 in einer künstlerischen Sinnkrise, sein künstlerischer Weg ist noch nicht geklärt. Im Jahre 1906 bekommt er Gelegenheit, zu seinem Bruder für zwei Monate nach Russland zu fahren. Er freut sich auf diese Reise, weil er von ihr eine Selbstbesinnung erhofft: „Beim Eintritt in ein fremdes Land erhebt schon die graue Neugier einen Johannistrieb, und die Beobachtungslust rüstet sich mit ganz frischem Fangwerk." (EB RT, S. 241)

Die Eindrücke, die die Menschen und die Landschaft auf ihn machen, bringen ihm die künstlerische Wende. Zum einen ist es der einfache Menschentypus, der ihn fasziniert und den er in zahlreichen Zeichnungen und Skizzen festhält. Zum anderen löst die Weite der Steppe bei Barlach tief gehende Gefühle aus, die sich in seiner Sprache verdichten: „Man steht auf der Höhe einer flachen Aufbäumung der Erde inmitten eines Vorganges von zweierlei Grenzenlosigkeiten: der einer auf die Ewigkeit ausgerichteten Ruhe und der Grenzenlosigkeit des monumentalsten Dranges zur Entfaltung dumpfer Gestaltungslust." (EB RT, S. 271) Die Landschaft hebt bei ihm Grenzen auf. Es ist die Ruhe, die Stille und Ausgeglichenheit, die ewig zu währen scheint, sie weckt bei ihm den Trieb zu neuen Gestaltungsformen.

Die Dörfer liegen auf sanften Erdwellen: „Nicht die Höhen dieser Wellen, sondern ihr ungeheuerer Schritt, in dem sie langsam ansteigen und ein flaches Tal formen, gibt der Landschaft den großen Zug." Barlach spannt den Bogen zum Wasser: „Die Dörfer und Flecken liegen wie Schaum auf dem Wasser". (EB RT, S. 255) In dieser Landschaft, die ihn an seine norddeutsche Heimat denken lässt, wirken die Naturphänomene intensiver.

Er fasst seine Natureindrücke zusammen: „Aus der Erde strömt eine wahre Freudengewalt, die beiden Himmelsgewaltigen, Sturmwind und Blendsonne, überlassen sich einem gegenseitigen Überbieten". Die ihm so vertrauten Wolken sind auch hier „rechte ‚Himmelserscheinungen'. Sie sind da, weiß und rund aus der Atmosphäre geboren, in Herden oder einzeln verstreut, ohne Ankündigung und Vorbereitung. Ein ganzes Floß im Osten." (EB RT, S. 287)

DIE STADT

*Dann die Stadt, dahinter das Meer, eine blaue Wand. Aber die Stadt war zum
Staunen. Sie war nichts als ein dunkler, schieferfarbener Strich, aus dem die Türme
aufwuchsen. Gregor zählte sie: sechs Türme. Ein Doppelturm und vier einzelne
Türme, die Schiffe ihrer Kirchen weiter unter sich lassend, als rote Blöcke in das Blau
der Ostsee eingelassen, ein riesiges Relief.*

(AA SG, S. 21f.)

1926, mit einigem Abstand zu diesen gefühlsbetonten Erlebnissen, relativiert Barlach seine Aussage, dass Russland ihn bildnerisch so stark geprägt habe: „In der Folge habe ich fast alles, wozu mir Außenwelt dienen konnte, hier in Deutschland gefunden, auf dem Lande, an der Küste, in der Kleinstadt." (EB Briefe II, Nr. 647)

Der Roman: Bilder – Symbole – Metaphern

Die Untersuchung einiger Reiseberichte Anderschs hat bereits gezeigt, dass Andersch als „Jäger des Augen-Blicks" mehr als das fotografische Abbild seiner Umwelt wahrnimmt. Städte, Häuser und Landschaften werden nicht nur von Farben und Formen bestimmt, sie spiegeln auch Geschichte und Geschichten der Menschen wider. Von ihnen gehen Grundstimmungen, Gefühle aus. Dem Dichter des Augen-Sinnes gelingt es, die Dinge sprechen zu lassen. Das mag in den Reiseberichten noch verhalten auftreten, wird aber in seinen Romanen zum stilistischen Mittel. Der reisende Leser möge die nachstehenden Beispiele der Sprache der Bilder im Roman „Sansibar oder der letzte Grund" bei seiner Spurensuche vor Ort nachempfinden.

Das Meer – Die Stadt und die Türme – Farben und Licht

Für den Jungen ist „die Ostsee, eine dunkle Wand ohne Türme" (AA SG, S. 82). Für Gregor sind die Stadt und die Küste „keine Kulisse für ein Spiel, sondern der Schauplatz einer Drohung, die alles in unabänderliche Wirklichkeit einfror" (AA SG, S. 8). Die Ostsee ist für ihn „eine blaue Wand". Er erkennt, dass eine Flucht nicht vom Meer abhängt, sondern von Menschen, von den Matrosen und Kapitänen und von den Genossen in Rerik, denn „das Meer trägt". Für Judith erscheint die See „blau, ultramarin und eisig" (AA SG, S. 20). Als der Junge in Schweden die Gelegenheit zum Verbleib nicht nutzt und sich dem wartenden Boot Gregors nähert, „war das Meer blau, dunkelblau und

HELANDER

Er hob den Blick: die Querschiffwand. Dreißigtausend Ziegel als nackte Tafel, ohne Perspektive, zweidimensional, braunes Rot, schieferfarbenes Rot, gelbes Rot, blaues Rot, zuletzt nur einziges, dunkel phosphoreszierendes Rot, ohne Tiefe vor seinem, Helanders Fenster hängend, sein jahrzehntelanges Gegenüber, die Tafel, auf der die Schrift nicht erschien, auf die er wartete, sodass er sie mit seinen eigenen Fingern bemalte, dass Geschriebene immer wieder auswischte, neue Worte und Zeichen schrieb. Das Pflaster des Platzes wartete auf Schritte, die nie ertönten; die Ziegelwand auf eine Schrift, die nie erschien.

(AA SG, S. 10)

kalt" (AA SG, S. 158). Gregor kommt angesichts der Bedrohung der Türme und der blaukalten Ostsee ein Bild aus Manövertagen mit der Roten Armee in Erinnerung, als er „plötzlich fasziniert von dem goldenen Schmelzfluss des Schwarzen Meeres" war (AA SG, S. 23). Ihn interessierte damals nicht mehr der Manöversieg, sondern hier begannen sein Zweifel, sein Verrat an der Partei, der darin bestanden hatte, „dass ihm, als Einzigem, der goldene Schild wichtiger gewesen war als die Einnahme der Stadt" (AA SG, S.24).

Für Gregor und Judith geht besonders von den Türmen Reriks Gefahr aus. Judiths Mutter hatte zwar immer gesagt: „Das sind Ungeheuer, wunderbare rote Ungeheuer, die man streicheln kann." Judith sieht das jedoch anders, sie kommen ihr „wie böse Ungeheuer vor. Von diesen Türmen war nichts zu erwarten" (AA SG, S. 20). Sie verfällt in Fatalismus und Verzweiflung, als sie im Hafen auf Rettung durch den schwedischen Dampfer hofft. Die Kailampen beleuchten die „blutigroten Türme"; sie empfindet sie als „grelle, wütend aufgerichtete geblendete und blutende Ungeheuer" (AA SG, S. 66).

Kurz vor Beginn der Aktion „Lesender Klosterschüler", eine Stunde vor Mitternacht, erlöschen die Lichter am Kai von Rerik. Andersch beschreibt hier noch einmal eindringlich die Wirkung der Türme, ohne dass er sie einer Person zuordnet: „Über dem Schwarz standen in der gleichen Sekunde die Türme wie Monstren, völlig nackt, in blendender roter Grelle, von Blut überströmte Riesen, die sich im Todeskampf noch einmal aufgerichtet hatten, um sich auf die Stadt zu stürzen, auf die Schwärze zu ihren Füßen" (AA SG, S. 92). Ein Kampf der steingewordenen Giganten – eine drastische Umschreibung der Nationalsozialisten – in einer kleinen Hafenstadt gegen jene Menschen, die auf der verzweifelten Suche nach Freiheit sind.

Das sprachliche Bild von grellroten Turmmonstern als vom blutüberströmten Riesen wird ergänzt durch die fensterlose Querschiffwand der Georgenkirche, wie Helander sie – auf ein Zeichen, auf eine Schrift hoffend –, von seinem Arbeitszimmer aus sieht: „Dreißigtausend Ziegel als nackte Tafel ohne Perspektive, zweidimensional, braunes Rot, schieferfarbenes Rot, gelbes Rot, blaues

Rot, zuletzt nur ein einziges, dunkel phosphoreszierendes Rot ohne Tiefe". Für ihn sind es „maßlose Ziegelkirchen" (AA SG, S. 10). Andersch versucht hier, durch treffende Adjektive die Varianten des Rots der Ziegel zu fassen. Es sind mehr als nur unzählige Ziegelsteine zu sehen. Hier wird die Expressivität des Steines deutlich, die in ihrer wechselnden Farbigkeit Helanders aufgewühlte Stimmung ausmalt.

Farben geben Stimmungen wieder. Andersch verdeutlicht damit, Helanders Ringen mit Gott, der in der Zeit des Nationalsozialismus die Menschen verlassen zu haben scheint. Der Pfarrer wartet vergebens auf ein Zeichen Gottes auf diesen Steinen.

Wie verlassen die Menschen sind, zeigt Andersch in der Beschreibung des Ortes Rerik und seiner Plätze. Judith erkennt sehr schnell: „Es war furchtbar, Judith Levin zu sein in einer toten Stadt, die unter einem kalten Himmel von roten Ungeheuern bewohnt wurde." (AA SG, S. 20)

Helander sieht diesen Platz täglich und findet: „Es gibt nichts Leereres als den Georgen-Kirchplatz im Herbst." (AA SG, S. 9ff.) Natürlich weiß er, dass Menschen den Platz überqueren, nicht nur Touristen. Dennoch ist es „ein Platz so tot wie die Kirche". Der Geistliche erkennt, dass die offizielle Kirche keinen Widerstand geleistet hat.

Gregor vermeidet es, „in das lehmrote Licht zu treten", das von der Kirchenfront ausgeht. „Die Weite des Platzes vor der Kirche und das Licht darauf storten ihn." Die Schilderung der Natur unterstützt die Leere: „Feierlich lag der Platz im toten herbstlichen Nachmittagslicht vor der geschlossenen roten Wand, der Wand aus rostigen Steinen, der verrosteten Wand, die nie mehr in zwei großen Flügeln auseinanderklappen würde, um die Erntewagen einzulassen." (AA SG, S. 38f.) Das Rostrot als weitere Farbvariante umschreibt den langsamen Verfallsprozess nicht einer Stadt, sondern der Gesellschaft, die nicht die Kraft gefunden hat, die Auflösung des Rechts und den Verlust der Menschlichkeit aufzuhalten.

Nach der gelungenen Rettungsaktion durch Gregor stellt sich für ihn ein gewandeltes Bild der Stadt und der Türme dar, als er durch die Priele zum Festland schreiten kann: „Von hier aus gesehen waren sie keine schweren roten Ungeheuer mehr, sondern kleine blasse Klötze im Grau des Morgens, feine quadratische Stäbe, blaugrau am Rande des Haffs." Der Grund der Verwandlung liegt nur vordergründig in der Naturerscheinung, wie Gregor sie wahrnimmt: „Das graue Morgenlicht erfüllte die Welt, das nüchterne, farblose Morgenlicht zeigte die Gegenstände ohne Schatten und Farben, es zeigte sie beinahe so, wie sie wirklich waren, rein und zur Prüfung bereit. Alles muss neu geprüft werden, überlegte Gregor." (AA SG, S. 144) Gregor kann der Farblosigkeit eigene Akzente geben, er kann jetzt selbstbestimmend sein Leben gestalten.

Fahnen und Flaggen

Als Gregor sich der Ostsee nähert, vergleicht er die seinen Weg begrenzenden Kiefern mit einem Vorhang, „offen sich darbietende Konstruktionen aus hellen Stangen, von denen mattgrüne Fahnen unterm grauen Himmel regungslos wehten, bis sie sich in der Perspektive zu einer Wand aus flaschenglasigem Grün zusammenschlossen" (AA SG, S. 8). Andersch lässt direkt auf der Auftaktseite des Romans Gregor die Bedrohung erkennen, die von der Natur und ihren Bildern ausgeht. Der Konflikt zwischen Knudsen und Gregor vor und während der Rettungsaktion hat seinen Grund in der „Antipathie zwischen zwei Abtrünnigen, die sich gegenseitig auf der Fahnenflucht ertappt hatten" (AA SG, S. 89). Die regungslosen mattgrünen Fahnen in der Einleitung bedeuten mehr. Gregor reflektiert beider Verhältnisse zu den Fahnen. Knudsen hatte seine „Fahne heruntergeholt, anstatt vor ihr zu fliehen. Überwintern will er mit ihr, weil er nicht weiß, dass Flaggen, die man gestrichen hat, nie wieder so flattern werden wie ehedem. Aber es gibt keine Fahnen, die man in Schränke legen und wieder hervorholen kann." Er stellt resignierend fest: „Wir werden in einer Welt leben, in der alle Fahnen gestorben sein werden. Irgendwann später, sehr lange Zeit danach, wird es vielleicht neue Fahnen geben, echte Fahnen." Er ist sich jedoch nicht sicher, „ob es nicht besser wäre, wenn es überhaupt keine mehr gäbe", und fragt sich: „Kann man in einer Welt leben, in der die Flaggenmasten leer stehen?" (AA SG, S. 89 f.)

In der Hörspielfassung des Romans beantwortet Andersch durch den veränderten Titel „Aktion ohne Fahnen" bereits die Frage. Hier formuliert er als Sprecher im Hörspiel seine Vision: „Aber das eigentliche Mecklenburg, die wirkliche Landschaft der Welt, ist ein Land ohne Fahnen." (AA AF, S. 45)

Ernst Barlachs Skulptur „Lesender Klosterschüler": Die Schlüsselfigur des Romans

Alfred Andersch
Mehr als die Beschreibung eines Kunstwerkes

Im Roman wird der Kommunist Gregor in der Georgenkirche, die als konspirativer Treffpunkt mit seinem Parteigenossen Knudsen dient, zufällig mit der Skulptur konfrontiert. Andersch hat in eindringlicher Weise diese Begegnung aus der Perspektive Gregors sprachlich dargestellt:

„Dann wurde er sich der Anwesenheit der Figur bewusst. Sie saß klein auf einem niedrigen Sockel aus Metall, zu Füßen des Pfeilers schräg gegenüber. Sie war aus Holz geschnitzt, das nicht hell und nicht dunkel war, sondern einfach braun. Gregor näherte sich ihr. Die Figur stellte einen jungen Mann dar, der in einem Buch las, das auf seinen Knien lag. Der junge Mann trug ein langes Gewand, ein Mönchsgewand, nein, ein Gewand, das noch einfacher war als das eines Mönchs: einen langen Kittel. Unter dem Kittel kamen seine nackten Füße hervor. Seine beiden Arme hingen herab. Auch seine Haare hingen herab, glatt, zu beiden Seiten der Stirn, die Ohren und die Schläfen verdeckend. Seine Augenbrauen mündeten wie Blätter in den Stamm der geraden Nase, die einen tiefen Schatten auf seine rechte Gesichtshälfte warf. Sein Mund war nicht zu klein und nicht zu groß; er war genau richtig und ohne Anstrengung geschlossen. Auch die Augen schienen auf den ersten Blick geschlossen, aber

LESENDER LOSTERSCHÜLER

Gregor richtet sich auf. Er war verwirrt. Er beobachtete den jungen Mann, der weiter-
las, als sei nichts geschehen. Es war aber etwas geschehen, dachte Gregor. Ich habe
einen gesehen, der ohne Auftrag lebt. Einen, der lesen kann und dennoch aufstehen
und fortgehen. Er blickte mit einer Art von Neid auf die Figur.

(AA, SG, S. 43ff.)

Ernst Barlach, Lesender Klosterschüler, 1926, Kohlezeichnung sie waren es nicht, der junge Mann schlief nicht, er hatte nur die Angewohnheit, die Augendeckel fast zu schließen, während er las. Die Spalten, die seine sehr großen Augendeckel gerade noch frei ließen, waren geschwungen, zwei großzügige und ernste Kurven, in den Augenwinkeln so unmerklich gekrümmt, dass auch ein Witz in ihnen nistete. Sein Gesicht war ein fast reines Oval, in ein Kinn ausmündend, das fein, aber nicht schwach, sondern gelassen den Mund trug. Sein Körper unter dem Kittel musste mager sein, mager und zart; er durfte offenbar den jungen Mann beim Lesen nicht stören.“

Der Autor unterbricht die einfühlsame Beschreibung. Gregor empfindet seine Annäherung als Störung. Die Skulptur wirkt jetzt auf ihn als Betrachter, der zunehmend die Distanz zu ihr verliert und sich mit ihr zu vergleichen beginnt.

„Aber dann bemerkte er auf einmal, dass der junge Mann ganz anders war. Er war gar nicht versunken. Er war nicht einmal an die Lektüre hingegeben. Was tat er eigentlich? Er las ganz einfach. Er las aufmerksam. Er las genau. Er las sogar in höchster Konzentration. Aber er las kritisch. Er sah aus, als wisse er in jedem Moment, was er da lese. Seine Arme hingen herab, aber sie schienen bereit, jeden Augenblick einen Finger auf den Text zu führen, der zeigen würde: das ist nicht wahr. Das glaube ich nicht. Er ist anders, dachte Gregor, er ist ganz anders. Er ist leichter, als wir waren, vogelgleicher. Er sieht aus wie einer, der jederzeit das Buch zuklappen kann und aufstehen, um etwas ganz anderes zu tun. (…) Kann man das: ein junger Mönch sein und sich nicht von den Texten überwältigen lassen? Die Kutte nehmen und trotzdem frei bleiben? Nach den Regeln leben, ohne den Geist zu binden?“ (AA SG, S. 42f.)

Die Begegnung wird zum Wendepunkt im Leben Gregors, der daraufhin seine erste Aktion ohne Auftrag durchführen kann. Gregor bündelt die „Aktion Lesender Klosterschüler“. Er rettet zunächst gegen den Widerstand des Fischers Knudsen nicht nur die Plastik, sondern auch die Jüdin Judith. Die Aktion führt zwar nicht zur Flucht Gregors aus dem Nazi-Deutschland, die nach der Begegnung mit dem „Klosterschüler“ unwichtig geworden ist, für ihn bedeutender ist seine Befreiung von der Partei. Durch diesen Läuterungsvorgang gelingt es ihm, sich selbst zu finden und zu befreien. So kann er zukünftig auf Fahnen verzichten.

Helander hatte die Plastik vor ein paar Jahren direkt von einem Bildhauer gekauft, „dem kurz darauf die Anderen verboten hatten, sein Handwerk auszuüben". Für ihn ist die Figur „kein Kunstwerk", sondern „ein Gebrauchsgegenstand". Weil die „Anderen" seinen „Klosterschüler" jetzt angreifen, „ist er das große Heiligtum". Selbst der „Riesenbau der Kirche wird um dieses stillen Mönchleins willen auf die Probe gestellt" (AA SG, S. 28f.).

Für den Atheisten Knudsen ist die Plastik nur eines der vielen „Götterbilder" (AA SG, S. 30). Hier treffen zwei widersprüchliche Welten aufeinander: Kommunismus und Christentum, letzteres durch die Plastik und Pfarrer Helander vertreten.

Der „Lesende Klosterschüler" führt schließlich noch Christentum und Judentum zueinander. Kurz bevor die Figur aus der Kirche transportiert werden soll, macht Helander Judith das Kreuzzeichen auf die Stirn. Die gemeinsame Aktion vereint jetzt Christen, Juden und Atheisten.

Der Junge erkennt die „Figur aus der Kirche" während der Flucht auf dem Beiboot wieder. Er hat sie im Kindergottesdienst und zuletzt bei der Konfirmation gesehen. Er sieht in ihr die Chance für seine eigene Flucht, denn wenn die Figur ins Ausland gebracht werden soll, ist er dabei. Erst Judith erklärt ihm auf hoher See die Figur: „Er liest alles, was er will. Weil er alles liest, was er will, sollte er eingesperrt werden. Und deswegen muss er jetzt wohin, wo er lesen kann, soviel er will." (AA SG, S. 146)

Verarbeitung einer Biografie

Wie in den meisten Erzählungen und Romanen finden sich auch im Sansibar-Roman biografische Elemente.

Alfred Andersch wurde am 4. Februar 1914 in München geboren. Sein Vater war Offizier im 1. Weltkrieg und trug eine schwere Beinverletzung davon. Zwei

Jahre dauerte das Sterben des Vaters. Der Sohn sah die Zehen „vom Brand schwarz werden", sodass man ihm das rechte Bein amputieren musste. Er hörte „das Klappern seiner Krücken" und musste sich unwillig „seine Reden, die stets um die Themen der nationalistischen Politik kreisten", anhören (AA KF, S.16f). 1929 starb sein Vater. Sein physisches Schicksal findet sich in Pfarrer Helander wieder. Ihm hatten sie bereits bei Verdun sein Bein abgenommen, er ist „betäubt von seinen Schmerzen im Beinstumpf", er weiß, dass die Wunde nicht aufbrechen darf. Wenn sie sich noch „einmal geöffnet haben würde, geöffnet zu einem Schrei aus bloßgelegten roten Geweben und schwarzem Brand", könnte kein Insulin ihn mehr retten. (AA SG, S.53).

Pfarrer Helander spiegelt auch Anderschs Erfahrungen mit Pfarrer Johannes Kreppel wider, von dem er konfirmiert wurde. Obwohl Andersch ohne jeglich emotionale Teilnahme die religiöse Handlung wahrnahm, imponierte ihm die Person des Pfarrers stark. Dieser evangelische „Diaspora-Geistliche" war für ihn „eine vertrauenswürdige und machtvolle Persönlichkeit" mit „lebenssprühenden Augen" und „ganz von protestantischem Trotz. Er wurde der wichtigsten Bedingung seines Bekenntnisses gerecht, die mit dem Charakter, der es verkündet, steht und fällt" (AA KF, S. 12 f.).

Das Gymnasium musste Andersch wegen schlechter Leistungen vorzeitig verlassen. Anschließend absolvierte er eine kaufmännische Lehre, las heimlich die kommunistische „Arbeiter-Illustrierte-Zeitung'" und trat ein halbes Jahr nach dem Tod des Vaters 1930 in den Kommunistischen Jugendverband (KVJ) ein, der allein in München 1000 Mitglieder zählte. (AA KF, S. 36) Er „betrat den Boden des Kommunismus mit dem gespannten Entzücken dessen, der zum ersten Mal seinen Fuß auf einen jungfräulichen Boden setzt". Er sog „das wilde Aroma von Leben ein", das „Wort Revolution" faszinierte ihn. Schnell vollzog er „den Übertritt von den nationalistischen Doktrinen seines Vaters zu den Gedanken des Sozialismus, der Menschenliebe, der Befreiung der Unterdrückten, der Internationale und des militanten Defätismus". Er erarbeitete sich den dialektisch-materialistischen Überbau im Selbststudium. Freiwilliges, selbstbestimmtes Lesen zeichnen im Roman sowohl den Jungen als auch den „Lesenden Klosterschüler" aus.

Mit 18 Jahren war er Bildungsbeauftragter und Organisationsleiter des Kommunistischen Jugendverbandes von Südbayern. In den Sitzungen der KPD hatten er und seine Freunde „die typusbildende Macht Lenins" ergriffen. Dabei war die Partei in der „bayerischen Diaspora in sehr reiner Form eine Partei Lenins geblieben". Nach der Machtergreifung sah die Realität anders aus: „Die kurzen illegalen Stoß-Demonstrationen waren vom ZK als ‚sektiererisch' verboten worden". Dennoch organisierten sie kleine Aufmärsche, die sich aber schnell auflösten, wenn man das Überfallkommando hörte. Als das Gewerkschaftshaus im März 1933 besetzt wurde, standen die Arbeiter „vollständig schweigend" bis zum Rande des Bürgersteigs, die Straße ließen sie frei für die SA-Kolonnen. Andersch stellt 1952 rückblickend resignierend fest: „Das wäre der Augenblick des Aufstands gewesen, der Deutschland vielleicht ein anderes Gesicht gegeben hätte." (AA KF, S. 36, 23, 33f.)

Im Roman trifft der Fischer Knudsen die gleiche Feststellung: „Die Partei hätte schießen sollen, statt uns Instrukteure zu schicken." (AA SG, S. 12) Noch 1977 war Andersch überzeugt, „dass die Partei im Januar 1933 den Bürgerkrieg hätte auslösen müssen" (GH Lb, S. 93). Andersch erkannte, dass die Republik deshalb unterging, weil sowohl die SPD als auch die KPD keinen Befehl zum Widerstand gab: „Und sie starb letzten Endes daran, dass die Kommunistische Partei den Gedanken der Willensfreiheit ablehnte, die Freiheit menschlichen Denkens, die Fähigkeit des Menschen zu wählen." (AA KF, S. 37) Dies sind die gleichen Gedanken, die Gregor auf dem Weg nach Rerik bewegen.

1933 wurde Andersch zweimal verhaftet, das erste Mal war er drei Monate im Konzentrationslager Dachau. Er erlebte die Angst der Ungewissheit. Mehrfach wurde er Zeuge von Erschießungen seiner Kameraden. Als er überraschend entlassen wurde und weiterhin unter Gestapo-Aufsicht stand, wusste er, dass er seine „Tätigkeit für die Kommunistische Partei beendet hatte." (AA KF, S.44)

Das Fluchtmotiv wird eines der lebensbestimmenden Kennzeichen Alfred Anderschs.

Die Figur der Jüdin Judith spiegelt seine Beziehung zu seiner ersten Frau Angelika Albert, die er im Jahre 1935 heiratete, wieder. Als Halb-Jüdin war ihr Leben schon zu diesem Zeitpunkt gefährdet. Der Heiratstermin lag kurz vor den Rassegesetzen, die eine Ehe zwischen Ariern und Angehörigen jüdischer Familien verbot. Als die Ehe kurz vor 1940 zu zerbrechen drohte, ließ er sich „schon als Schutz für Angelika" zunächst nicht scheiden. Andersch lebte zu der Zeit bereits mit der Malerin Gisela Groneuer zusammen. Angelika Albert überlebte die Nazi-Zeit. Angelikas Mutter wurde im Konzentrationslager Theresienstadt ermordet (BJ AA, S. 36f.). Andersch erweist Angelika mit der Figur Judith in dem Roman seine Referenz.

1940 wurde Andersch als Bausoldat zur Westfront eingezogen, aber bald wieder entlassen, da er durch seine Heirat mit der „Halbjüdin" Angelika den Status eines „jüdisch Versippten" eingenommen hat. Diese waren für die NS-Behörden nicht als Soldaten einzusetzen. Als er sich Ende 1943 scheiden ließ, zog man ihn erneut ein. Er kam nach Einsätzen in Dänemark als Dolmetscher nach Oberitalien.

Hier nutzte er seine Sprachkenntnis zur Flucht. Er desertierte nach langer mentaler Vorbereitung am 6. Juni 1944 zu den Amerikanern: „Ich hatte mich entschlossen, 'rüber zu gehen, weil ich den Akt der Freiheit vollziehen wollte, weil ich mir damit aufs neue das Recht erwarb, Bedingungen stellen zu können, weil es absurd gewesen wäre, wenn ich auch nur einen Schuss gegen einen Gegner abgegeben hätte, der niemals mein Gegner sein konnte, und weil ich Angst hatte, ins Feuer zu kommen und, sinnlos oder nicht sinnlos, sterben zu müssen." (AA KF, S. 81f.)

Nach dem Ende des Zweiten Weltkrieges sah Andersch auch die deutsche Literatur im Vorraum zur Freiheit: „Der Zusammenbruch der alten Welt hat aber, vor allem bei der jungen Generation, das Gefühl einer völligen Voraussetzungslosigkeit geschaffen, das Vorgefühl eines originalen Neu-Werdens, für das es keine Muster und Vorbilder gibt." (GH Lb, S. 129)

Hier wird die Parallele zu Gregor am Endes des Romans deutlich. Dieser kommt ebenfalls nach seiner erfolgreichen Aktion und Lösung von Parteiaufträgen zu dem Schluss: „Alles muss neu geprüft werden." (AA SG, S. 144)
Andersch selbst prüfte 1958 seine Lebensumstände erneut, als er die damaligen Verhältnisse der Bundesrepublik immer wieder öffentlich kritisiert hatte.

Vorbereitung des Romans durch die Kurzgeschichte „Fräulein Christine" (1945)

Alfred Andersch schrieb den Text 1945 während der amerikanischen Kriegsgefangenschaft in Amerika und veröffentlichte ihn in der deutschsprachigen Lagerzeitschrift „Der Ruf" unter dem Pseudonym Anton Windisch.

Wie der Roman hat auch die Kurzgeschichte „Fräulein Christine" einen biografischen Hintergrund. Sie dokumentiert bereits die Grundthematik des Romans „Sansibar oder der letzte Grund".

Andersch besuchte 1936 mit seiner ersten Frau Angelika deren Verwandte in Zürich. Der Ort in der Schweiz war im Dritten Reich Anlaufpunkt deutscher Emigranten. Auf eine dortige Kunstausstellung bezieht sich der Text.

In der Kurzgeschichte geht es um die Auseinandersetzung von Kunst und Politik zu Beginn des Dritten Reiches. Die Handlung beschränkt sich auf drei Personen. Fräulein Christine begeistert sich für die Kunst Barlachs. Dr. Witte, ein junger „Anwalt der neuen Ansichten", hat bereits ein Lehramt für Geschichte an der Universität in München. Der literarisch tätige Schlosser Werner Rott hatte zuvor „eine führende Stellung in der Jugendbewegung". In Christines Elternhaus sind alle drei anwesend. Christine schildert ihre Empfindungen zu zwei Plastiken Barlachs, die sie zuvor im Züricher Kunsthaus gesehen hatte: „Zuerst hatte sie nur das braune Licht des Holzes verspürt, das von den aufrechten oder gelagerten Bildwerken ausging, dann aber war sie beinahe wie eine Liebende von dem stemmenden Schreiten des ‚Wanderers', von der rasenden und beschützerischen Kraft des ‚Rächers' erfasst worden."

Sie findet die Figuren „herrlich", „es sind Körper, in denen der Geist weht"

(VW, S. 201ff.). Dr. Witte sieht das anders: „Es fehlt ihnen das Heroische, das Pathos im besten Sinne, das wir heute brauchen". Christines vorschnelles Urteil hänge damit zusammen, dass sie „sich von der slawischen Sirenen-Melodie Barlachs" habe einfangen lassen. Für ihn „gehört er nicht in unsere nordische Welt mit seiner lastenden Schwermut". Werner Rott beteiligt sich nicht an der Diskussion, Christine fühlt „undeutlich die Härte seines Schweigens". Am nächsten Tag findet sie auf ihrem Tisch ein Buch mit Abbildungen Barlachscher Plastiken. In dem Buch steht Werner Rotts Namen. Ihr bleibt wenig Zeit, alles richtig einzuordnen, denn ihr Vater bittet sie sofort, wieder nach Zürich zu ihrer Schwester zu fahren, um dort eine „Stätte der Aufnahme vorzubereiten für Werner Rott, für dessen Sicherheit das Schlimmste zu befürchten sei." Sie erfährt von ihrem Vater, dass Werner Rott kurz vor der Machtergreifung seine ersten Texte veröffentlicht habe, aber „als die Macht sich gegen den Geist wandte", sei er verstummt und zurück in seine Fabrik gegangen. Er habe aber weiterhin Kontakte mit jungen Menschen, denen er Texte vorlese. Er werde scharf überwacht. Als Christine verunsichert telefonisch Kontakt mit ihm aufnehmen will, erfährt sie, dass er bereits verhaftet worden ist.

Vergleicht man die Kurzgeschichte mit dem Roman „Sansibar oder der letzte Grund" und den biografischen Daten Alfred Anderschs, so lassen sich Gemeinsamkeiten herausstellen. Christine und Judith stammen beide aus dem Bildungsbürgertum. Auch Judith kennt Barlach: „Nachdem sie das Gesicht befühlt hatte, stieß sie einen Ruf des Erstaunens aus und nannte den Namen des Bildhauers, der die Statue gemacht hatte." Gregor dachte nur, „in ihren Kreisen kennt man solche Namen" (AA SG, S.111). Gregor gehört wie Werner Rott der Arbeiterschicht an. Andersch zählt zwar zur Gruppe der Angestellten, ist aber wie Werner Rott in einer Jugendorganisation tätig. Der eine in der Jugendbewegung, der andere in einem kommunistischen Jugendverband. Werner Rott und Andersch arbeiten schriftstellerisch. Beide werden verhaftet. Das Gleiche droht im Roman dem Kommunisten Gregor. Gregor erwägt zwar eine Flucht beim Anblick des Meeres, schlägt nach der Begegnung mit dem „Lesenden

Klosterschüler" und der Rettung der Jüdin den Weg nach Schweden aus, er folgt geistig dem Mönch, der ohne Auftrag leben kann. Schließlich gibt es noch aufkeimende Liebesbeziehungen, einmal zwischen Christine und Werner Rott. Sie wollte ihn bitten, „einen langen Spaziergang zu machen". Gregor will seine Gefühle zu Judith nicht wahrhaben, sie stören seine Aktion und er denkt, „blöd von mir, dass ich mich beinahe auf einen Kuss eingelassen hätte" (AA SG, S. 121), er tut sich jedoch schwer mit seinen Gefühlen, denn „noch immer spiegelte sich das Leuchtfeuer in ihren Augen" (AA SG, S. 126).

Auch auf die Figur des Dr. Witte greift Andersch im Roman zurück. Helander ist erzürnt, „wenn er an den Besuch des jungen Herrn Doktor dachte. Keiner von den Anderen, sondern ein Geschickter, ein Wendiger, Karrierist, der sich durchschlängelte". Dieser will den „Lesenden Klosterschüler" magazinieren, denn er steht auf „der Liste der Kunstwerke, die nicht mehr in der Öffentlichkeit gezeigt werden sollen" (AA SG, S. 28).

Aufschlussreich ist, welche Figuren Barlachs Andersch auswählt. Im Roman ist es der introvertierte, durch Schriftstudien Energie sammelnde „Lesende Klosterschüler". Er findet durch Geist und Intellekt seine Kraft zur Emanzipation. In der Kurzgeschichte „Fräulein Christine" sind die Figuren Barlachs dagegen aktive, raumweisende Darstellungen, die sich nach außen wenden, kampfbereit gegen einen unsichtbaren Feind. „Der Rächer" setzt zur Erreichung seines Ziels das Schwert ein, „Der Wanderer" benötigt seine Körperkraft, um dem Wind und damit Widersachern entgegenzutreten. Alle drei genannten Figuren sind Symbole des Widerstandes. Die vergeistigtere Form ist jedoch der „Lesende Klosterschüler".

Das Hörspiel „Aktion ohne Fahnen" (1958)

Ein Jahr nach dem Erscheinen des Romans „Sansibar oder der letzte Grund" sendete am 9. 6. 1958 der Hessische Rundfunk Alfred Anderschs Hörspiel „Aktion ohne Fahnen", untertitelt mit „Eine Situation im Hörspiel" (AA AF). Schon der neue Titel weist auf wesentliche Strukturänderungen hin. Andersch verdichtet den

Figurenkreis um den „Lesenden Klosterschüler". Sowohl die Figuren des Jungen als auch der Jüdin sind gestrichen, sodass Helander, Gregor und Knudsen die Hauptakteure sind. Im Mittelpunkt steht – wie der Titel deutlich macht – Gregors Aktion: „Menschen, verschiedene, kaum vereinbare, von persönlicher Not und damals noch leisem öffentlichen Terror fast gelähmte Menschen, taten sich trotz aller Bedenken zusammen zur rettenden Aktion", heißt es im Hörspiel. Die Romanvorlage wird gestrafft, durchweg werden Textstellen direkt übernommen.

Andersch setzt einen Erzähler ein, der die Handlungen beschreibt, Verknüpfungen herstellt und immer wieder die Personen und ihre Psyche erläutert. Er kommentiert das Geschehen, wertet es. Er führt den Hörer in den Landschaftsraum ein und gibt Auskünfte über den Künstler Barlach und seine Skulptur „Lesender Klosterschüler". Der Schreibanlass wird transparent, ebenso die Frage nach den fiktiven und realen Handlungsorten des Geschehens.

Im Hörspiel beginnt der Erzähler mit der Frage: „Kennen Sie die mecklenburgische Ostseeküste?" und er bekennt sofort seine „Schwäche für abseitige, wenig genannte, fast vergessene Landschaften, sie liegen überall in Europa verstreut. Sie bringen raue, versponnene Landschaften hervor, oder auch gar keine, sie wirken verschlossen und abweisend, rätselhaft und geheimnisvoll. Sie können dumpf und zurückgeblieben sein, aber oft verspürt man in ihnen den Anhauch einer ganz besonderen Mischung von Freiheit und Gläubigkeit." Dann verweist er auf seine Wanderung entlang der Ostseeküste mit den Orten Lübeck, Wismar, Rerik, Brunshaupten (gehört heute zu Kühlungsborn), Heiligendamm, Doberan und Rostock. Er ist fasziniert von der norddeutschen Backsteingotik, die er als „versponnene Sonderkultur" bezeichnet. Er fragt sich, „wie viele Deutsche Wismar kennen" und spannt den Bogen von Kulturstädten in Italien und Frankreich zu dieser Hansestadt, wenn er fast euphorisch feststellt: „Große deutsche Schriftsteller haben uns meisterhafte Deutungen von San Gimignano oder Avignon gegeben. Kannten sie Wismar? Wenn Städte zu Heiligtümern werden, dann ist Wismar eines." (AA AF MS, S. 3f.) Dann greift er Barlachs Schicksal auf: „Übrigens war der Geist dieser vom

Ostseewind umstürmten dunkelroten Kirchen keine tote, abgestorbene Sache. Es gab einen Mann, der ihn in sich trug und fortsetzte. Er hieß Ernst Barlach. Barlachs Bildwerke sind nirgends anders denkbar als in Mecklenburg, in der Seenlandschaft der norddeutschen Tiefebene."

Andersch bekennt, dass er während der Wanderung 1938 wenig von Barlach wusste, weder von der Entfernung seines Gefallenen-Ehrenmals aus dem Güstrower Dom nichts gehört hatte, noch das Verbot zur Aufstellung der Figuren für die Nischen der Lübecker Katharinenkirche nicht kannte. Er wusste ebenso nicht, dass Barlach „es trotzdem ablehnte, Deutschland zu verlassen, denn Deutschland, das war für ihn Mecklenburg, und ohne Mecklenburg konnte er sich nicht denken." Erst später hat er über Barlach alles erfahren, auch „über sein Ende, das sich ziemlich genau zu der Zeit abspielte, als ich in Mecklenburg spazieren ging". Er fasst die Zeit und die Landschaft zusammen: „Es waren die Jahre, in denen der Geist dieser Landschaft, des Abseitigen, Versponnenen, Besonderen, von der Kraft, die alles gleichmachen wollte, besiegt worden war." (AA AF MS, S. 4 u. 18)

Die zeitliche Parallelität seiner Wanderung – von ihm als alltäglichen banalen Spaziergang umschrieben – mit dem Tode Barlachs muss Andersch im Nachhinein sehr betroffen gemacht haben. Aufgrund der Berichte über ihn begann er darüber nachzudenken, „wie sich dergleichen wohl abgespielt haben mag: die Verfolgung der Kunst, die Auslöschung einer Sonderkultur, in einer Landschaft wie dieser, einer abseitigen, fast vergessenen Landschaft, in der ich im Jahre 1938 den Anhauch einer ganz besonderen Mischung von Freiheit und Gläubigkeit verspürt hatte. Wie verhielt sich ein solches Land gegen das Eindringen einer solchen Kraft, die alles Besondere, Abseitige, Versponnene auslöschen wollte? Ich fing also an, mir eine Situation auszudenken, wie sie um ein bedrohtes Bildwerk herum entstehen konnte, sagen wir um Barlachs ‚Lesenden Klosterschüler' herum, den ich besonders liebe. Ich versetzte ihn in meiner Vorstellung an einen Pfeiler der Georgenkirche zu Wismar." (AA AF MS, S. 5) Zwei Wahrnehmungsweisen des Autors aus verschiedenen Zeiten – die eine in der Zeit der „Anderen", die andere in der Zeit der Freiheit, nachdem die „Anderen" endgültig ausgelöscht waren – werden miteinander verknüpft. Die verflossene Wahrnehmung der mecklenburgischen Landschaft wird mit der Erkenntnis über das Schicksal eines Mecklenburger Künstlers verknüpft. Die Orte haben wie die Handlung und die gewählten Figuren des Romans Modellcharakter. Andersch klärt die oft gestellte Frage „Rerik oder Wismar?": „Ich ließ übrigens den Namen Wismar fallen, weil sich zufälligerweise nichts dergleichen in Wismar abgespielt hat, ich gab der Stadt den Namen Rerik, nach einem uralten wendischen Fischerdorf; ich wollte mir ja eine Modell-Situation ausdenken, und dazu muss man manchmal das allzu Realistisch-Genaue verwischen." (AA AF MS, S.4f.)

Die Verwischung macht die Qualität des Romans aus, der Leser muss die Konturen für sich selbst finden. Rerik und Wismar gab es damals überall.

Andersch schließt das Hörspiel – mit der Rückkehr Gregors nach der gelungenen Aktion ohne Fahnen ab – nicht ohne noch einmal seine eigene Vorliebe zur Region deutlich zu machen: „Aber das eigentliche Mecklenburg, die wirkliche Landschaft der Welt, ist ein Land ohne Fahnen. In dieser wirklichen Welt, in einer der abseitigen, wenig genannten, fast vergessenen Landschaften, die überall liegen und für die ich eine Schwäche habe, lassen wir Gregor allein". (AA AF, S.45).

Das Gedicht „Über den Gebrauch zweier Wörter in einem Roman" (1963/1964)

Es wurde bereits darauf hingewiesen, dass Andersch in seinem Roman „Sansibar oder der letzte Grund" die Nationalsozialisten als „Die Anderen" bezeichnet.

In dem Gedicht „Über den Gebrauch zweier Wörter in einem Roman" (durchgehend in Kleinschreibung) wendet er sich an die Studenten eines Münchener Literaturprofessors, der diese Gleichsetzung kritisiert hatte. Andersch setzt sich mit dessen Vorwurf eines „lügnerische(n) Stilisierungsprinzip(s)" auseinander.

Er nennt zwei Gründe für die auffallende Besonderheit. Der erste hänge damit zusammen, dass er in „baiern aufgewachsen" sei. Dort ist die Bezeichnung „Nazi" die Abkürzung „des barocken Vornamens Ignaz", der Name geistere auch durch Gedichte Ludwig Thomas und meine „einen dummen pfiffigen lustigen Knecht, der sich den schweiss wischt beim mistfahren / und sich auf die kegelbahn freut". Dieser bayerische Nazi ist mit Anderschs Worten „ein fröhlicher gesell". Der Autor folgert, lautmalerisch „ist das wort nazi / für die nazis / unbrauchbar / es ist zu / gemütlich".

Der zweite, schwerwiegende Grund hängt mit dem „personal" seines Romans zusammen. Da es sich bei ihm um Menschen handele, bestreitet Andersch „den nazis das recht / menschen genannt zu werden". Damit meint er nicht den einzelnen Nationalsozialisten, wenn er schreibt: „der einzelne nazi konnte ein mensch sein / wenn er ein mensch war." Für Andersch gilt: „das prinzip jedoch / dass sich unter dem wort nazis zeigte / war aussermenschlich / die nazis das waren die anderen / jeder wusste das / als die nazis herrschten". Andersch geht es in seinem Roman nicht um formale Stilmittel, sondern um „eine historische Erfahrung", nämlich, die, „dass es menschen und andere gibt". Abschließend warnt er die Studenten vor „lehrern der literatur / die namen gegen namen ausspielen". (HL, S. 226ff.).

Andersch musste sich wiederholt mit Formalismusvorwürfen auseinandersetzen, so wurde auch die Zuordnung der einzelnen Kapitel zu einzelnen Personen oder Personengruppen als Formalismus kritisiert. Dies zeigt, dass die historische Tatsache des Naziterrors in den 50er Jahren der Bundesrepublik weitgehend noch verdrängt wurde.

Verfilmungen für das Fernsehen

Alfred Andersch befasste sich im Jahre 1961 in dem Essay „Das Kino der Autoren" mit dem Film. Die Misere des damaligen deutschen Films ist für ihn die „vollständige Interessenlosigkeit der deutschen Literatur am Film". Seine Vorgabe, dass der Film „nicht zur Verfilmung von Literatur entwürdigt werden" soll (AA Lb, S. 189ff.), kann an nachstehenden Verfilmungen seines Romans untersucht werden.

Rainer Wolffhardt (Regie), Leopold Ahlsen (Drehbuch):
Sansibar, Süddeutscher Rundfunk, 1961 (Schwarz-Weiß)
Der Schwarz-Weiß-Film aus dem Jahre 1961 wurde in Westdeutschland mit Paul Dahlke als Knudsen und Robert Graf als Gregor gedreht. Der Regisseur Rainer Wolffhardt hatte „in seiner episch-erzählenden, am italienischen Neoverismo ausgerichteten Schwarz-Weiß-Verfilmung den Kammerspielton der Romanvorlage atmosphärisch gut getroffen". Alfred Andersch kommentierte ihn im November 1961 als einen „außerordentlich gut gelungenen und schönen Film" (SR AA, S. 349). Aufschlussreich ist ein Detail in der Biografie des 1927 geborenen Wolffhardt. Er entschied sich wie Andersch gegen den Krieg durch Desertion.

Bernhard Wicki (Regie), Wolfgang Kirchner (Drehbuch):
Sansibar oder der letzte Grund, Westdeutscher Rundfunk, 1985/1986 (Farbe)
Bernhard Wicki konnte in der damaligen DDR an fiktiven Handlungsorten drehen. So machte er in Wismar, auf dem Salzhaff, auf der Insel Poel und in Kühlungsborn seine Dreharbeiten. Er erweitert die Romanhandlung, um die Arbeit der KPD im Untergrund darzustellen. Der Film beginnt mit der brutalen Aushebung einer Untergrunddruckerei der Kommunistischen Partei in Berlin. Dort erhält Gregor, der durch Zufall nicht verhaftet wird, auch seinen Auftrag für Rerik. Von Bad Doberan fährt er mit dem Fahrrad die Lindenallee Richtung Heiligendamm. In der Schmalspurbahn Molli, die durch Bad Doberan qualmt, begegnet Gregor auch erstmals Judith. In Wismar hat der Fischer Knudsen sein Haus direkt an der Faulen Grube vor der Nikolaikirche. Sein Boot Pauline stammt aus dem Jahre 1935 und hieß vor dem Filmeinsatz „Apolonia" mit der Bootsnummer POE 019, es war also auf der Insel Poel im Hafen von Kirchdorf beheimatet. Einige Bootsszenen wurden am Hafen Timmendorf an der Westküste der Insel Poel aufgenommen. Helander

hat seine Wirkstätte in der erhalten gebliebenen Nikolaikirche. Barlachs Plastik wurde eigens für diesen Film in den Babelsberger Werkstätten der DEFA, die den Film auch produzierte, kopiert. Nach Abschluss der Dreharbeiten musste die Figur zerstört werden. Der Film erhielt durchweg positive Kritiken. Diese berücksichtigten die Problematik der filmischen Umsetzung einer Romanvorlage.

Wicki äußerte sich hierzu auch in einem Interview: „Wir hatten das Gefühl, wenn wir das als Film machen, muss es einfach realistischer sein, als es im Roman sein darf. Ich finde, wenn diese Zeit in einem Fernsehfilm behandelt wird, dann muss man gewisse Tatsachen zeigen." (ARD-Magazin, S. 40) Das bedeutete für ihn, dass die „Anderen" nicht mehr wie bei Andersch gesichtslos gezeigt werden, sondern in ihren Taten konkret entlarvt werden. Problematisch für eine filmische Umsetzung sind die vielen inneren Monologe und Perspektivwechsel der Figuren im Roman. Wicki hat sie zum Teil als Dialoge umgearbeitet und in die Filmhandlung einbezogen. Er bekennt: „Ich kann nur sage, dass mich der Film innerlich sehr berührt hat und dass ich die Figuren des Films unterschiedslos liebe."

Zu begründen ist diese Beziehung in seiner Biografie, die Parallelen zu der von Andersch aufweist. Geboren 1919, besuchte er eine Malklasse am Bauhaus in Dessau, geschlossen trat diese Klasse in den Kommunistischen Jugendverband ein. Am 9.11.1938 wurde er wegen seiner KPD-Zugehörigkeit verhaftet und bis zum Frühjahr 1939 im Konzentrationslager Sachsenhausen bei Berlin inhaftiert. Dieser Teil seiner Vita dürfte ihm auch die Türen zur DDR geöffnet haben. Die Schauspieler Michael Gwisdek (Fischer Knudsen), Cornelia Schmaus (Judith) und Peter Sodann (Pfarrer Helander) stammen aus der DDR, die übrigen Peter Kremer (Gregor) und Frank Hesseland (Der Junge) aus der BRD.

1987 erhielt die Verfilmung den Adolf-Grimme-Preis mit der Begründung: „Im epischen Fluss der Bilder entsteht – bei penibler Genauigkeit im Detail – eine dichte Atmosphäre. Alle Motive des Films verdeutlichen über das sinnlich erfahrbare Bild die inneren Bezüge der Personen, die selbst unter Zweifel und Zerrissenheit leiden und allein aus der Abwehr nazistischer Barbarei ihre Kraft ziehen."

Ernst Barlach
Das Motiv des Lesenden bei Barlach

Barlach hat sich wiederholt mit dem Motiv eines Lesenden befasst. Die früheste Fassung „Lesender Mann im Wind" aus dem Jahre 1911 ist eine Kohlezeichnung. 1916 fertigte er eine weitere Kohlezeichnung mit dem Titel „Verzweifelter Diskurs" an. Sie stellt eine größere mit angezogenen Knien hockende Figur dar. Ihr zugesellt ist ein Affe, der die Figur anzusprechen versucht. In der Grundhaltung der Hauptfigur mit einem kuttenähnlichen Umhang sind die formalen Merkmale des „Lesenden Klosterschülers" bereits angelegt.

Aus demselben Jahre stammt die Lithografie mit dem metaphorischen Titel „Wem Zeit wie Ewigkeit". Der Titel bezieht sich auf eine verkürzte Wiedergabe eines Zitates des deutschen Philosophen Jacob Böhme aus dem Jahre 1616. Die Langform lautet: „Wem Zeit ist wie die Ewigkeit, und Ewigkeit ist wie die Zeit. Der ist befreit von allem Streit." Die Zeichnung stellt eine lesende Person dar. Sie sitzt am Ufer eines Meeres, den Blick auf das Wasser gerichtet, die Arme auf den Oberschenkeln gestützt, ein geöffnetes Buch in den Händen haltend und den Blick in die Ferne auf die See gerichtet. Die Hände zerfließen gestalterisch mit den Seiten des Buches. Der Oberkörper und die Oberschenkel bilden einen spitzen Winkel. Die Figur scheint sich dem auflandigen Wind entgegenzustemmen. Das Meer und die Wolken sind mit kräftigen Strichen markiert. Barlach war wiederholt an der Ostsee und ließ sich von Wind und Wellen beeinflussen und fühlte sich dann „wie immer sehr erfrischt. Man lässt sich von Wind und Wellen allerlei erzählen, und die Gedanken, hinter denen man sonst vergeblich herjagt, kommen von selbst". (EB, Briefe II, Nr. 634) An anderer Stelle bezieht er sich auf das verkürzte Zitat, wenn er sagt, dass man „in Meer und Dünenweite ein Stück Zeit" von sich abtut (EB Briefe II, Nr. 1360).

In weiteren Zeichnungen und Plastiken hat Barlach das Motiv des Lesenden variiert.

Seine erste Plastik zum Motiv des Lesenden nennt er „Buchleser". Bar-

Wem Zeit ist wie die Ewigkeit, und Ewigkeit ist wie die Zeit, der ist befreit von allem Streit.

(Jakob Böhme, 1616)

Ernst Barlach „Wem Zeit wie Ewigkeit" Lithografie, 1916

lach ließ sie 1921 nach einem Gipsmodell als 14 cm große Bronze anfertigen. Im selben Jahr folgten zwei kleine Modelle in Gips, erstmals mit dem Zusatz „Mönch": „Lesende Mönche I und II". 1926 fertigte er eine Kohlezeichnung an, jetzt mit „Lesender Klosterschüler" bezeichnet. Offensichtlich handelt es sich hierbei um eine Vorzeichnung zur gleichnamigen Holzskulptur aus dem Jahre 1930, die 1,15 Meter hoch ist. Im gleichen Jahr stellt Barlach ein 29 Zentimeter großes Werkmodell mit gleichnamigem Titel in Bronze her. Sie dürfte der großen Holzskulptur vorausgegangen sein, da es seiner Arbeitsweise entsprach: „In Holz habe ich immer nach einem meistens sehr kleinen Modell gearbeitet." (EB, Briefe II, Nr. 999) Eine weitere Kohlezeichnung aus dem Jahre 1929 ergänzt die Figur durch einen Sockel, der dem Käufer als Sammlungsschrank für seine Grafiken dienen sollte. Hierzu gibt es ein kleines Gipsmodell. Aus finanziellen Gründen wurde die Ergänzung zum „Lesenden Klosterschüler" nicht ausgeführt.

Im selben Jahr wurden kleinere Bronzemodelle des „Lesenden Klosterschülers" angefertigt. 1932 entstand nach einem Gipsmodell dann eine 59 Zentimeter hohe Bronze mit dem Titel „Die lesenden Mönche III", die Barlach dann im gleichen Jahr in Holz schnitzte. 1933 wurden davon 25 nicht nummerierte Bronzen gegossen. 1936 befasste sich Barlach erneut mit dem Motiv, diesmal wieder als Einzelfigur: Der „Buchleser" ist 44 cm groß und wird thematisch durch die oben erwähnte Lithografie „Wem Zeit wie Ewigkeit" aus dem Jahre 1916 vorbereitet. Sie trägt den Untertitel „Lesender Mann im Wind". Die innere geistige Stärke des Lesenden wird hier verknüpft mit dem äußeren Widerstand, der ihm durch den Zeitgeist widerfährt, veranschaulicht durch die Naturerscheinung des Windes.

Im Güstrower Schlossmuseum befindet sich eine Darstellung des Apostels Johannes, die Barlach als Anregung gedient haben könnte (AK 51). Sie befand sich ursprünglich in der Klosterkirche in Dobbertin, südlich von Güstrow und war zu Barlachs Zeiten im Schweriner Landesmuseum aufgestellt. Die

DAS GOTISCHE

Und gotische Holzfiguren sind einfach Offenbarungen für mich.

(Ernst Barlach, Briefe I Nr. 183)

Johannes der Evangelist aus einer Ölberggruppe des Klosters Dobbertin,
Rostocker Werkstatt um 1430, Eichenholz

spätgotische, um 1430 entstandene Figur stellt den Apostel lesend dar. Im Ausstellungskatalog von 1951 wird sie mit Barlachs Bronzefigur des „Buchlesers" von 1936 verglichen.

Es finden sich jedoch mehr Ähnlichkeiten mit dem „Lesenden Klosterschüler". Während das Gewand des Apostels der Zeit entsprechend faltenreicher ist und als Haartracht eine Tonsur gewählt wurde, sind die aufrechte Sitzhaltung, die blockhafte Darstellung des Buches, die Ablage des Buches auf den Knien, allerdings mit leichter Stützung durch die Arme und die fast geschlossenen Augen mit Blick auf das geöffnete Buch fast identisch. Bei beiden Figuren sind Spuren der Bearbeitung sichtbar.

Wesentlicher als die gemeinsamen formalen Details ist der Geist der gotischen Plastiken, der von Barlach übernommen, verinnerlicht und in neuen Formen gestaltet wurde.

„Lesender Klosterschüler" im Wandel der Zeiten

Die Entstehung des „Lesenden Klosterschülers" in Holz ist umfassend dokumentiert (Probst, S. 270ff.). Barlach hatte privaten Kontakt mit dem Güstrower Industriellen Richard van Tongel, dem dort ein Stahlwerk gehörte. So lieh Barlach sich für den Mittelteil des Magdeburger Ehrenmals einen elektrischen Bohrapparat, um damit Aushöhlungen an dem großformatigen Holzblock vorzunehmen. Seine positive Grundeinstellung zeigt sich darin, dass er ihm zum 60. Geburtstag die Lithografie „Sterndeuter (Sternguckcr)" schenkte. Van Tongel erwarb von ihm weitere Grafiken (FL, S. 38ff.).

Der Rohling des „Lesenden Klosterschülers" besteht nicht aus einem Stück, sondern setzt aus 32 einzelnen quaderförmigen Nussbaumstücken zusammen, die nach vorgegebenen Rohmaßen von einem Güstrower Tischlermeister mit einer Bandsäge zugeschnitten und dann verleimt wurden.

Die expressionistische Künstlergruppe „Die Brücke" hatte Barlach wegen dieses Vorgehens kritisiert. Einige ihrer Mitglieder gingen beim plastischen Arbeiten von einem geschlossenen Holzstamm bzw. -block aus. Sie riskierten bzw.

planten anschließende Trocknungsrisse im Holz von Anfang an bewusst mit ein, weil dadurch der beabsichtigte expressive Ausdruck noch verstärkt werden konnte. Barlach hatte auf die Kritik seiner Arbeitsweise heftig reagiert: „Ich soll mich abhängig machen vom Holzstück? Ich leime es mir zusammen auf das Format, das ich brauch! Denn das Format, das hab ich in mir, und aufs Format kommt es an." (EB BmB, S. 175)

Er bearbeitete in seiner Anfangsphase das Holz mit schmalen Hohleisen, sowohl für die glatten Flächen als auch für komplexere Formen. Dadurch wirken die Oberflächen seiner früheren Arbeiten schuppenartig. Später – so auch beim „Klosterschüler" – verschliff er das Holz, um den „Heerwurm der Meißelspuren" zu verdecken (FL, S. 41). Die Aufstellung der Plastik im Hause van Tongels in der Grabenstraße 6 in Güstrow ist fotografisch nachgewiesen. Kurz nach dem Erwerb der Plastik musste van Tongel sich von ihr für eine kurze Zeit trennen. Der „Lesende Klosterschüler" sollte zusammen mit der Terrakotta-Figur „Sänger" auf der Weltausstellung „Ein Jahrhundert des Fortschritts" in Chicago gezeigt werden. Mitte 1933 – wenige Monate nach der Machtergreifung durch die Nationalsozialisten – wurden die Skulpturen im Auftrag des Auswärtigen Amtes mit dem Lloyddampfer „Bremen" über den Atlantik verfrachtet. Die von Alfred Andersch beschriebene fiktive Reise über die Ostsee im Jahr 1938 hat somit einen realen Hintergrund. Bei aller Ehrung, die Barlach mit dieser Ausstellungsteilnahme zuteil wurde, war für ihn der Zustand der zurückgekehrten Figur ein Ärgernis: „Von Amerika bekam ich eine mir nicht gehörende Figur ganz ramponiert zurück. Ich habe sie in ein Dutzend Stücke zersägen und frisch verleimen lassen müssen, aber die Versicherung, obgleich gut ein Jahr darüber vergangen ist, drückt sich". Dies machte Barlach „mitsamt Reparaturen nach der Ausstellung in Chikago weit mehr Umstände als vorher zu berechnen waren" (EB Briefe II, Nr. 1182 u. 1268).

Man kann sich gut vorstellen, mit welchen Gefühlen Barlach an diese Arbeit gegangen sein muss. Nach der notwendigen Zerstörung erlebte der „Lesende Klosterschüler" gleichsam seine Wiedergeburt.

1936 hatte die sanierte Figur ihren letzten öffentlichen Auftritt. Während der XI. Olympischen Spiele in Berlin – bei denen die Nationalsozialisten ihren Friedenswillen der Welt heuchlerisch dokumentierten – initiierte die Deutsche Evangelische Kirche eine eigenständige Begleitausstellung „Kirchliche Kunst". Probst (S. 275) problematisiert die Haltung der Evangelischen Kirche. Er weist auf „die Gratwanderung zwischen der offiziellen Kunstpolitik und dem Versuch, sich geistige Unabhängigkeit auch im Bereich sakraler Kunstgestaltung zu bewahren", hin.

Elisabeth van Tongel, die Witwe des im Jahre 1940 verstorbenen Unternehmers, konnte den „Lesenden Klosterschüler" über den Zusammenbruch 1945 hinaus retten.

1951/52 fand in Berlin (Ost) an der Akademie der Künste eine große Barlach-Ausstellung statt (EB KAT 51/52). Parallel dazu führte das Zentralkomitee der SED eine heftige Diskussion über den „Kampf gegen den Formalismus" in der Kunst (Probst, S. 274). Unter Formalismus verstand man die Überbetonung der äußeren Form bei gleichzeitiger Vernachlässigung des Inhaltes. Formalistischen Künstlern warf man vor, sie trennten die Kunst vom Volk und Leben, sie seien antihumanistisch und antidemokratisch. Informell zählte man zu dieser Kunst abstrakte, expressionistische und impressionistische Werke. So wurde vom Zentralkomitee der SED eine realistische Kunst gefordert, denn nur diese „vermittelt die Erkenntnis der Wirklichkeit und erweckt in den Menschen Bestrebungen, die geeignet sind, sich in einer fortschrittlichen, schöpferischen Tätigkeit im Sinne der Lösung der Lebensfragen unseres Volkes zu verkörpern" (Dokumente, S. 433ff.).

Barlach warf man mehr als Formalismus vor. So polemisierte die Zeitung Neues Deutschland am 4.1.1952 fast mit dem gleichen Vokabular wie die Nationalsozialisten gegen seine Werke. Seine „Geschöpfe sind eine graue, passive, verzweifelte, in tierischer Dumpfheit dahinvegetierende Masse", seine Bauern „sind dumpfe, tölpelhafte Urwaldbären, die einen ziemlich stark ausgeprägten

DER BUCHLESER

*Da ist der Buchleser. Ein sitzender Mann, vorgebeugt in schweren Händen ein Buch
haltend. Er liest neugierig, zuversichtlich, kritisch. Er sucht deutlich Lösungen dringender Probleme im Buch.*

(Bertolt Brecht, S.184)

Ernst Barlach, Buchleser, Bronze, 1930

Hang zum Tierischen haben. Seine Orientierung auf eine verfaulende Gesellschaftsschicht hat ihm den Zugang zu dem großen progressiven Strom des deutschen Volkes verschlossen" (zitiert nach Probst, S. 274).

Erst durch das entschlossene Auftreten Bertolt Brechts konnte die Diskussion um Barlachs Werk versachlicht werden. In seinen „Notizen zur Barlach-Ausstellung" sieht er jedoch dessen Werk differenziert. Die religiösen Plastiken sagen ihm nicht viel, „überhaupt alle, die etwas Mystisches haben. Aber in seinen für mich schönsten Plastiken lässt er die menschliche Substanz, das gesellschaftliche Potenzial, herrlich über Entrechtung und Erniedrigung triumphieren und das zeigt seine Größe".

Deutlich wird Brechts gesellschaftspolitischer Ansatz. Dieser zeigt sich in seinen 13 Kurzanalysen. Er hatte sich bei seiner Rückkehr aus dem Exil bewusst für das sozialistische Deutschland der Deutschen Demokratischen Republik entschieden.

Brecht untersucht auch die Bronze „Buchleser" von 1936: „Da ist der Buchleser. Ein sitzender Mann, vorgebeugt in schweren Händen ein Buch haltend. Er liest neugierig, zuversichtlich, kritisch. Er sucht deutlich Lösungen dringender Probleme im Buch. Goebbels hätte ihn wohl eine ‚Intelligenzbestie' genannt. Der Buchleser gefällt mir besser als Rodins berühmter Denker, der nur die Schwierigkeit des Denkens zeigt. Barlachs Plastik ist realistischer, konkreter, unsymbolisch." (BB, S.182ff.)

Aufschlussreich ist, dass Brecht diese Figur auswählt und nicht den „Lesenden Klosterschüler", obwohl dieser auch in der besprochenen Ausstellung vertreten war und schon wegen der Größe von 115 gegenüber 44 Zentimetern der Bronzefigur nicht übersehen werden konnte. Der Grund könnte in seiner Ablehnung der religiösen Motive Barlachs liegen. Brechts Aussage, dass „Der Buchleser" „unsymbolisch" sei, dürfte zu kurz gegriffen sein. Es muss auch im Sinne von Anderschs Beschreibung der Figur kritisch hinterfragt werden, ob der Leser „dringende Probleme" mithilfe des Buches lösen will oder nur unbeirrt trotz des Windes liest, gleichsam um des Lesens willen. Der „Lesende

Klosterschüler" ist sowohl inhaltlich als auch formal abstrakter, zu erkennen an der Gestaltung der Haare, der Füße ohne Schuhe, dem glatteren Faltenwurf und an dem Buch, bei dem die einzelnen Seiten nicht ausgebildet sind. Probst betont die inhaltliche Abstraktion, wenn er auf die deutlich ausgeprägte „geistige Autonomie des Lesenden Klosterschülers" hinweist. Dies zeigt sich an den unterschiedlichen Positionen des Buches in beiden Figuren. Der Buchleser hält es in beiden Händen mit auf den Oberschenkeln abgestützten, angewinkelten Armen, beim Klosterschüler liegt es auf den Knien, ohne Handberührung, die Hände ruhen auf dem Sitzblock. Der Klosterschüler hat sich bereits vom Text gelöst, er benötigt eigentlich das Buch nicht mehr: „Das Loslassen des Buches spiegelt einen Akt geistiger Emanzipation wider". (Probst, S. 274). Dies ist es auch, was Andersch meint, wenn er Gregor beschreiben lässt: „Er sieht aus wie einer, der jederzeit das Buch zuklappen kann und aufstehen, um etwas ganz anderes zu tun. Ich habe einen gesehen, der ohne Auftrag lebt. Einen der lesen kann und dennoch aufstehen und fortgehen". (AA SG, S. 43f) Die Interpretation durch den kommunistischen Funktionär Gregor dürfte nicht im Sinne des Formalismusdiktates der SED gewesen sein. Es muss offenbleiben, was Brecht hierzu gesagt hätte. Wesentlich ist, dass seine Ausführungen die Kritiker Barlachs verstummen ließen und der Künstler zunehmend in der DDR anerkannt wurde.

Vergleicht man die Beschreibung Anderschs mit dem Kernsatz Brechts „Er liest neugierig, zuversichtlich, kritisch", so gibt es eine fast identische Stelle im Roman, an der Gregor sagt: „Er las genau. Er las sogar in höchster Konzentration. Aber er las kritisch." (AA SG, S.43) Andersch könnte Brechts Text gekannt haben, denn die Zeitschrift „Sinn und Form" wurde von ihm regelmäßig studiert. Sie gehörte für ihn „zu den hervorragendsten Literatur-Periodica, die je in Deutschland erschienen sind" (AA FH, S. 208ff.).

Als van Tongels Firma im Rahmen der Besetzung durch die Sowjetunion enteignet und demontiert worden war, waren die wirtschaftlichen Verhältnisse in der DDR für seine Witwe schwierig. Dennoch schenkte sie der Pfarrgemeinde in Güstrow das Relief „Engel der Hoffnung", wohl wissend um die guten Beziehungen, die ihr Mann zu Barlach hatte.

Die Kulturverantwortlichen der DDR waren aufgrund der gewünschten Akzeptanz Barlachs interessiert am umfassenden Aufbau der Sammlung von Werken des Künstlers. Für den Kauf der Plastik „Lesender Klosterschüler" machte 1961 der Präsident der Volkskammer der DDR Johannes Dieckmann Elisabeth van Tongel ein recht hohes Angebot in Höhe von 63.800 Mark. Sie schlug die Zahlung des Barbetrages aus und wollte statt dessen eine Leibrente, die mit 400,-- Mark monatlich für die damaligen ostdeutschen Lebensverhältnisse recht hoch bemessen war. Als sie im Jahre 1984 starb, „hatte sie dem ‚Lesenden Klosterschüler' zu einem angemessenen Verhältnis zwischen Wert und Preis verholfen" (FL, S. 59). Seit dem Ankauf hat die Figur ihren Platz in der Gertrudenkapelle in Güstrow.

Barlachs Wege zur Backsteingotik und seine Suche nach dem sakralen Raum

Mächtige Backsteindome

Auf Barlachs intensive heimatliche Bindung an die norddeutsche Landschaft wurde schon hingewiesen. Dieses Grundgefühl spiegelt sich auch in seiner Wahrnehmung der norddeutschen Kirchenarchitektur wider. So sehr hat er sie verinnerlicht, dass er bei einem Spaziergang am Abend in den Naturformen der Bäume mit ihren Zweigen und Ästen Motive der Kirchen Mecklenburgs sieht. So bildet „die Flucht der dichter stehenden Stämme Domfenster zwischen ihnen, Astbogen schneiden vom Glas des Himmels breite und schlanke, überzart gotische und wuchtig romanische Gespenster von Fenstern aus, dass die Wölbung der Lindenkronen zum unendlichen Kirchenschiff wird" (EB JZ, S. 264f.).

Barlach ist immer wieder stark vom Innenraum des Güstrower Domes beein-

DIE DOME

Der Monumentalbau der Kirchen, der majestätische Gang der sich folgenden und sich ablösenden Lehrmeinungen, die architektonische und künstlerische Ausgestaltung des als sakral von Jahrtausenden Erkannten gibt mir eine Ehrfurcht, in der ich das Geborene aus dem Absoluten und Höchsten willig erkenne oder vielmehr vermittelt empfange.

(Ernst Barlach, Briefe II, Nr. 1007)

Ernst Barlach, Die Dome, Holzschnitt 1920

druckt. In der Weihnachtsmette im ersten Kriegsjahr 1914 war ihm fast, als wäre er „in diesem Hause der Spitzbogen und Gewölbe heimisch". Ein anderes Mal kennzeichnet er den Innenraum zur nächtlichen Stunde als „die gewölbte leuchtende Domherrlichkeit" (EB GT, S. 124 u. 334).

1912 reist er längs der Ostseeküste von Wismar am Salzhaff vorbei nach Bad Doberan, Rostock und Stralsund, denn „von Zeit zu Zeit soll man große Bauten sehen" (EB SP, S. 230ff.). In Wismar „sieht man Stücke der Kirchen wie ferne ungeheure Rätselwesen auftauchen; Aufdeckungen von Kosmen, Erscheinungen über und neben uns, unverständliche Wortgefüge aus heiligen Überlieferungen." Sie klingen „als Teile großer Oratorien, dass einen der Takt nicht wieder loslässt, so berücken sie gerade mit dem Unerklärlichen ihres Daseins als Teil, in dem, ohne dass mans absehen kann, doch der Geist des Ganzen waltet."

Die Marienkirche in Rostock und St. Nikolai in Wismar sind ihm „Zukunfts-menschenbilder, überragend, aus Majestät und Harmonie aufgestandene Personen und doch schwer errungen, aus der Erde erwachsen und durch Zeit und Raum bedingt, Beispiele, dass Menschen Übermenschliches schaffen konnten, und also Wegweiser und Artankündiger einer zukünftigen Menschenart selbst". Er vergleicht die Bauten mit dem Menschsein, indem er ihnen Dimensionen von Zeit und Raum zuweist. Sie sind der Erde entwachsen und dennoch mit ihr verbunden und weisen von der Vergangenheit, in der sie entstanden sind, in die Zukunft der Menschheit.

Angesichts der wuchtigen Baumassen ruft Barlach aus: „Wie stehen, Türmen gleich, die breiten Brüste von St. Marien in Rostock und St. Nikolai (in Wismar) in ihrer dreiteiligen Gewalt gegen die ganze Welt auf!" Die Massen „werden hinaufgebracht und mit gestuften Strebepfeilern im Rhythmus-Spiel zum Schwingen in den Höhen begeistigt. Aus drei Türmen sind Turmmauern geworden, und zwei Flankentürme geben ihr Persönliches zu Ehren des Begriffes vom Höchsten und Erhabensten an den Mittelturm auf, damit er umso höher wachse, sich zur Dreifaltigkeit, mehr als Persönlichkeit entwickeln kann". Hieraus entsteht das „Ungeheure, der Bruder des Riesenmittelbaus, in gefasster Ruhe mit selbstverständlicher Gebärde steht er da und bildet vor dem Mittelschiffe, diesem Sehnsuchtsgespinste aus Spitzbogenfenstern, gemauerten Linienflüssen, schnellen schlanken Pfeilerrippen und dem scharfen Dach den letzten Hauch des Auflechzens zum Himmel, – das strenge Beispiel des Erdbewusstseins, der Erdenwürde und des Erdenschicksals." Man spürt den Bildhauer, der seine Worte wie mit einem Schnitzmesser formt, um Massen, Volumen, Linien und Formen darzustellen.

Die Beschreibung des äußeren Bauvolumens setzt sich in der Kennzeichnung des Innenraumes fort.

Dort „steht ein Adelsgeschlecht von Riesenpfeilern" mit „der Herrlichkeit des Gewölbes über sich". In dessen Mittelpunkt „hebt sich alles auf, und man wird zweifelhaft, ob die Pfeiler die Gewölbe erzeugen oder die Liebe des Himmels in tausend senkrechten Blitzen segnend zur Erde rollt." Barlach fragt sich, „ob die Entfaltung und Opferung eigenen Seins zur Erhöhung eines Anderen von oben oder von unten geschieht, um Gott zu dienen, oder ob Gott die Menschen geschaffen hat, um sich selbst zum Bewusstsein zu kommen durch ihre Sehnsucht". Abschließend stellt er fest: „Der Himmel spaltet sich, und seine Lichtbogen sprühen wie steinerne Feuergarben herab."

Mit dieser Architekturinterpretation nähert sich Barlach dem Gedicht Goethes „Die Grenzen der Menschheit" an, das fast mit den gleichen Worten beginnt: „Wenn der uralte, / Heilige Vater / Mit gelassener Hand / Aus rollenden Wolken / Segnende Blitze / Über die Erde sä't". Mehr als zehn Jahre später fertigte Barlach zum Gedicht eine Steinzeichnung an (Goethe – EB Zeichnungen, S.36), auf der Gottvater in den Wolken schwebend aus seinen Händen „segnende Blitze über die Erde sät." Goethe umschreibt in seinem Gedicht nicht nur den Menschen liebenden Gott, sondern weist auch auf die Nichtigkeit der Menschen und deren Abhängigkeit von den Gottheiten hin, denn wenn der Mensch versucht, mit seinem Scheitel die Sterne zu berühren, „Nirgends haften dann / Die unsichren Sohlen, / Und mit ihm spielen / Wolken und Winde".

Besonders die Turmvorkirche St. Marien in Stralsund empfindet Barlach als einen Bau „eines übergöttlichen Gottes. Da war kein Mensch mehr ins Verhältnis gedacht wie drinnen im Chor. Hier vorne war nur ein Bekenntnis des Unbegreiflichen, nicht des Menschengottes, sondern des Unmenschlichen, das doch selbst der Mensch noch ahnt, dass er aber nicht verehrt, mit dessen Dienst er kein sonntägliches Ausruhen vereinigen kann" (EB SP, S. 168). Genau diesen Gott meint Goethe, wenn er nach dem Unterschied zwischen Göttern und Menschen fragt und als Antwort schreibt: „Dass viele Wellen / Vor jenen wandeln / Ein ewiger Strom: Uns hebt die Welle, / verschlingt die Welle, / Und wir versinken."

Wie sehr die steingewordene Religion der norddeutschen Dome auch Barlach bildnerisch beeinflusst, zeigt eine Naturbeobachtung über dem Himmel Güstrows. Er sieht „Wolkenformen wie Bleigüsse, groß genug, dass man einige Dutzende Dome und Pfarrkirchen daraus schnitzen könnte, eckig und prall geschwellte Säcke, aus denen ganz Güstrow recht gut durch ein Loch herausgefallen sein konnte." (EB GT, S. 266 f.)

Das Erlebnis der mächtigen backsteingotischen Dome spiegelt sich eindrucksvoll wieder in dem Holzschnitt „Die Dome", der zur Folge „Die Wandlungen Gottes" (1919 - 1921) gehört. Das Motiv zeigt einen schwebenden Gottvater vor einer Kirchenlandschaft, die fast das gesamte Bild ausfüllt. Die vielfältigen Varianten der Türme und Kirchenschiffe werden durch einen Regenbogen verbunden, der formal die Kirchen zusammenfasst, inhaltlich als Symbol für die Verbindung des Menschen mit dem Überirdischen, der Versöhnung des Menschen mit Gott steht. Dieser schwebt über allem in der vorderen Bildebene, die Orte seiner irdischen Anwesenheit unter sich lassend, den Blick und die Körperhaltung schräg nach oben gerichtet.

Barlach fasst die sakralen, architektonischen, künstlerischen und historischen Aspekte der Kirchenarchitektur und ihre Wirkungen zusammen: „Der Monumentalbau der Kirchen, der sich folgenden und sich ablösenden Lehrmeinungen, die architektonische und künstlerische Ausgestaltung des als sakral von Jahrtausenden Erkannten gibt mir eine Ehrfurcht, in der ich das Geborene aus dem Absoluten und Höchsten willig erkenne oder vielmehr vermittelt empfange." Dies gilt für ihn, auch wenn er sich nur als „Namenchrist" sieht (EB Briefe II, Nr. 1007).

Suche nach dem sakralen Raum

Barlachs Wahrnehmungsebene der steingewordenen Religion, die mit seiner persönlichen Religiosität wenig zu tun hatte, lässt ihn wiederholt an Standorte seiner Skulpturen gerade auch im Kirchenraum denken. Es ist einmal seine Sorge, dass es für seine Plastik „keinen Raum" gibt und er nicht weiß, „wo sie am Ende bleibt; sie wird wahrscheinlich am Ende zerstreut werden." Noch 1920 bedauert er: „Es mangelt mir an der großen Gelegenheit. Mir fehlt für meine Plastik der sakrale Raum." (EB BiG, S. 17) Er möchte seine Kunst ganzheitlich einbinden in kirchliche Räume. Hier würden sie nicht nur zeitlebens verbleiben können, sondern er hätte auch die Möglichkeit, Architektur und plastische Kunst in Einklang zu bringen.

Ihn begeistert nicht nur die Raumgestalt der Gotik, sondern es sind besonders die Skulpturen in den Kirchen, denn „gotische Holzfiguren sind einfach Offenbarungen" für ihn (EB Briefe I, Nr. 183), hier spricht Barlach als Bildhauer. In fast allen norddeutschen Kirchen des Ostseeraums finden sich Beispiele der mittelalterlichen Holzschnitzer. Im Güstrower Dom konnte Barlach täglich Beispiele dieser Kunst betrachten. Es gibt dort einen Levitenstuhl (um 1390) mit der Verkündigung an Maria, ein Triumphkreuz (um 1370) und einen spätgotischen Hochaltar (um 1500).

Mit seinem Verleger Reinhard Pieper besuchte er oft den Dom, und sie wandten sich „den wildbewegten, spätgotischen Aposteln aus Eichenholz zu" mit ausdrucksstarken Gesichtern und bewegten Gesamtkompositionen, rechts und links in den Arkaden angeordnet. Barlach dachte dabei laut über den Arbeitsablauf in einer mittelalterlichen Holzschnitzerwerkstatt nach: „Der Lehrling musste die Füße machen, die sind bei allen Figuren gleich. Der Geselle hat die Gewänder gemacht, die sind schon besser, und der Meister die Köpfe, die sind großartig." (BP NE, S. 158f.)

Außer durch die reichhaltige Ausstattung der großen Dome bzw. Stadtkirchen fand Barlach auch in den kleineren überschaubaren Innenräumen der umliegenden Dorf- und Klosterkirchen vielfältige Anregungen. Zudem waren ihm die Skulpturen im süddeutschen Raum bekannt. Sein Fazit: „Ich bekenne mich zur Schülerschaft von unbekannten Meistern, wie etwa des Christus am Kreuz, als oberdeutscher Herkunft bezeichnet." (EB Prosa Jz, S. 344).

Barlachs Kunst im sakralen Raum

Barlach fand schließlich den sakralen Raum bzw. ihm wurden Aufträge angeboten, für sakrale Räume Skulpturen zu entwerfen. Es handelt sich um Ehrenmale für die Gefallenen des Ersten Weltkrieges.

Dabei zeigt er seine Begabung in variantenreichen Körper-Raum-Beziehungen und im sicheren Umgang mit verschiedenen Materialien. Das Kieler Ehrenmal „Schmerzensmutter" (1921) ist ein Holzrelief in einem Seitenschiff der Nikolaikirche; das „Güstrower Ehrenmal" (1927) ist ein Bronzeguss und schwebt frei im Raum, von allen Seiten zu betrachten; der „Geistkämpfer" in Kiel (1928) ist eine Vollplastik in Bronze mit einer Schauseite zwischen zwei Stützpfeilern außerhalb der Universitätskirche an der Nordwestaußenseite; der Figurenzyklus „Gemeinschaft der Heiligen", ein Klinkerbrand, an der Katharinenkirche in Lübeck (1930 bis 1932) ist ebenfalls an den Außenwänden angebracht; das „Magdeburger Ehrenmal" (1929) in Holz hat seinen altarähnlichen Platz im dortigen Dom in der nordöstlichen Apsis gefunden.

Barlach erläutert, wie er die Skulpturen dem Kirchenraum zugeordnet hat. „Man arbeitet ja nicht nur für sich, aus Freude am Schaffen, sondern auch in Verbindung mit der Vorstellung einer Wirkung am bestimmten Platze, aus dem Wunsche heraus, dass Ort und Werk ein Ganzes werden mögen. Der stille Raum im hiesigen Dom, der Ort nahe am Altar in der Nikolaikirche zu Kiel, das Pfeilereck an der Universitätskirche ebenda, nicht zum wenigsten der Denkmalplatz in Hamburg, waren mir, als ich an die Aufgabe heranging, mit einer Arbeit ihrer Würde zu entsprechen, Helfer am Werk, Förderer und Ansporner." (EB Briefe II, S. 501). Auch der „Geistkämpfer" „gehört zu den Arbeiten, die aus den Anforderungen des Orts heraus ihre letzte Form erhalten hatten und nur für ihn entworfen waren und mit ihm eine Einheit ausmachten" (EB Briefe II, Nr. 1378).

Barlach kommentiert den Platz des „Schwebenden Engels" über dem Gitter des Taufbeckens: „Das runde Eisengitter darunter war schon vorher in der Kirche – ein paar Meter weiter nach hinten. Ich hab' es mir ausdrücklich ausgebeten. Nun schafft es Raum für meinen Engel, der darüber hängt, und gibt ihm Respekt." Als praktischen Grund ergänzt er noch: „Man geht nicht ran und probiert, ob er wohl wackelt." Bezogen auf öffentliche Stellungnahmen stellt er zufrieden fest: „So gab es wohl mancherlei Gerede über meinen Engel, aber ich denk' mir: Er hört nicht und bleibt hängen." (EB WuW, S. 253)

Hier täuschte sich Barlach. Heftige Kritiken vom Bildungsbürgertum, das die moderne Kunst ablehnte, von deutsch-national Denkenden und auch von Kirchenvertretern wurden von nationalsozialistischer Seite geschickt aufgegriffen und im völkischen Sinne zum Fazit hochpolemisiert: Das ist „entartete" Kunst, ist „undeutsch".

Barlach wurde nun öffentlich diffamiert. Seine Kunstwerke wurden entfernt, magaziniert, verkauft oder vernichtet. 1934 baute man „Das Magdeburger Ehrenmal" ab und deponierte es in der Nationalgalerie. 1937 montierte man den „Geistkämpfer" und den „Schwebenden Engel" ab. Letzterer wurde 1944 eingeschmolzen. Zuvor war von ihm noch ein Zweitguss hergestellt worden. Ihn erwarb die Antoniter-Kirchengemeinde in Köln. Der „Geistkämpfer" konnte versteckt den Krieg überdauern. Die Kieler „Schmerzensmutter" verbrannte im Krieg in der von Bomben völlig zerstörten Universitätskirche. Den Lübecker Figurenzyklus entfernte man 1936. Erst 1947 wurde er endgültig fertig gestellt.

Nüchtern kommentierte Barlach 1937: „Der hiesige ‚Domengel' ist nun auch heraus, soll eingeschmolzen werden. Das ist nun der vierte kirchliche Fall – Magdeburg, Kiel, Lübeck, Güstrow." (EB Briefe II, Nr. 1407) Sein Lebenswerk ist zerstört.

Die Gertrudenkapelle

In Güstrow gibt es einen Kirchenraum, den Barlach sich als Arbeitsraum und Sammlungsstätte seiner Werke gut vorstellen konnte. Im Jahre 1928 besuchte er mit seinem Verleger Ernst Pieper den Gertrudenfriedhof, deren Mittelpunkt eine spätgotische Kapelle ist. Pieper erinnert sich: „Ich liebe diesen alten, verwunschenen Garten sehr. Zum Auf- und Abgehen in Gesprächen eignet sich dieser Friedhof wunderbar. Das Dach seiner Kapelle, unter grünem Rankenwerk fast verschwunden, war eingesunken, die Scheiben blind." Beide fragten sich, „wie lange dieser ganz und gar unnütze Friedhof, in dem niemand mehr begraben wurde, dem modernen wirtschaftlichen Denken wohl noch standhalten werde" (EB WuW, S. 260). Ihre Befürchtungen trafen nicht zu. 1931 kaufte die Stadt die Kapelle.

Barlachs Lebensgefährtin Marga Böhmer, die ihm bis zu seinem Tode zur Seite stand, erreichte 1953 unter großen Schwierigkeiten die erste Ausstellung seiner Werke in der renovierten Gertrudenkapelle. Sie löste damit seinen Wunsch ein, den er bei Spaziergängen auf dem Friedhof der Kapelle geäußert hatte: „Hier ließe sich wohl arbeiten, das wäre wohl eine Situation für einen Bildhauer von meiner Beschaffenheit, meinen Arbeiten fehlt noch der sakrale Raum". (EB GK, S. 5) Barlach fand in der Kapelle nicht mehr seine Arbeitsstätte, es wurde jedoch der erste Raum für einige seiner Werke geschaffen.

Hier findet sich auch an zentraler Stelle der „Lesende Klosterschüler", den Alfred Andersch literarisch in die mächtige Georgenkirche in Wismar gestellt hat. Die Gertrudenkapelle hätte auch Barlach als Standort für den „Klosterschüler" gut gefallen, wirkt diese doch nicht erdrückend und fern ab von jeglichem Menschenmaß wie die großen Dome der Backsteingotik, sondern still und meditativ, wie die Klause eines einfachen Mönches, der voll des Geistes ist. Hier wäre für Barlach das gegeben, „was man meistens im Leben entbehrt – eine wirkliche Stille – es wäre auch genug, dass man sich sammeln, isolieren könnte." (Briefe I, Nr. 303)

Marga Böhmer hebt den außergewöhnlichen Raum zur Eröffnung der Barlach-Gedenkstätte 1957 in der Gertrudenkapelle hervor: „Der Innenraum und Barlachs Schöpfungen klingen wundervoll harmonisch zusammen." (EB GK, S. 5)

Barlachs Kunst in Güstrow

Im nordöstlichen Seitenschiff des Güstrower Doms befinden sich drei Werke Barlachs. Seit 1953 ist der „Schwebende Engel" wieder am alten Ort. Es ist ein Drittguss, abgenommen von dem Zweitguss, der sich seit 1952 in der Antoniterkirche in Köln befindet. (EB GE)

Ein Terrakottarelief mit dem Motiv „Der Apostel" (1925) ist dort an einem Pfeiler angebracht. Schließlich gibt es noch eine Kreuzesdarstellung, genannt „Der Gekreuzigte". Der Entwurf stammt aus dem Jahre 1918. Der damals fertiggestellte Bronzeguss für einen Soldatenfriedhof wurde als zu streng vom Auftraggeber abgelehnt. 1931 gelangte eine Neufassung des Gusses in die Elisabethkirche in Marburg, ein weiterer Guss kam 1949 in den Dom. Alle drei Werke bilden hier eine geschlossene ästhetische Einheit.

In der Güstrower Pfarrkirche ist ein weiteres Terrakottarelief (1933) mit dem Titel „Engel der Hoffnung" zu sehen, ein Geschenk von Elisabeth van Tongel, deren Ehemann auch den „Lesenden Klosterschüler" von Barlach erworben hatte.

Das im Jahre 1930 erbaute neue Atelier- und Wohnhaus am Heidberg, idyllisch am Ufer des Inselsees vor den Toren Güstrows gelegen, ist seit 1978 Barlach-Gedenkstätte. Sie besitzt mehr als 320 Skulpturen, über 1000 Handzeichnungen, 200 Druckgrafiken, 110 Manuskripte und 110 Skizzenbücher. Direkt vor dem Atelierhaus entstand 1997/98 ein modernes Ausstellungsforum. In beiden Gebäuden sind u. a. etwa 30 Plastiken, alle in seiner Güstrower Zeit entstanden, in einer Dauerausstellung zu sehen.

Jede der drei Stätten der Begegnung mit Barlach in Güstrow hat ihren eigenen Reiz. Die Gertrudenkapelle vermittelt die intensivste Stimmung: klein, überschaubar, eingebunden in die parkähnliche alte Friedhofsanlage, der Wohnort seiner Lebensgefährtin Marga Böhmer, die hier im Dachgeschoss auf beengtem Raum bis zu ihrem Tode 1969 lebte.

Auf dem Heidberg wird der Besucher mit der letzten Wirkungsstätte des Künstlers konfrontiert. Der Aufenthalt im Atelier, an seinem Arbeitsplatz mit den Plastiken, rührt jeden Besucher an. Die dem Atelierhaus vorgelagerten neu gestalteten modernen Ausstellungsräume vermitteln einen sachlichen Überblick über sein Gesamtwerk. Wechselausstellungen zeigen vielfältige Aspekte des Künstlerschaffens.

Die originärste Begegnung vermittelt jedoch der nordwestliche Innenraum des Güstrower Doms: zum einen das Kreuz, das christliche Symbol der Versöhnung über den Tod hinweg, zum anderen die Aposteldarstellung, die Barlachs Verbindung vom Mittelalter zur Gegenwart aufzeigt, und schließlich der „Schwebende Engel" mit dem Gesicht seiner künstlerischen Zeitgenossin Käthe Kollwitz, als Mahnmal in die Zukunft weisend. Hier ist Kunst nicht Selbstzweck, hier hat sie vorrangig eine religiöse Aufgabe. Auch bei hellem Sonnenlicht bleibt der Raum im verhaltenen Dunkel. Er vermittelt dem Besucher Zeit zur Besinnung über Barlachs Kunst, die an diesem Ort in einmaliger Weise ihren „sakralen Raum" gefunden hat und sich mit der vorhandenen gotischen Kunst und dem Kirchenraum des Domes in ganzheitlicher Weise ergänzt.

Ernst Barlach und Alfred Andersch
Begegnungen von Literatur, Kunst und Ästhetik

Leben in gesellschaftspolitischen Verhältnissen

Die Geburtsjahre Barlachs und Anderschs fallen in den Beginn von Kriegen. Barlach wird 1870 während des deutsch-französischen Krieges geboren, Andersch 1914 kurz vor Ausbruch des Ersten Weltkrieges. Kindheit und Jugend sind für beide bestimmt durch gesellschaftliche Umbrüche. 1871 findet die Proklamation des Deutschen Reiches mit einer erdrückenden Vormachtstellung Preußens statt. Bismarcks „Kulturkampf" und die „Sozialistengesetze" unterdrücken freiheitliche Gedanken.

Barlach studiert von 1888 bis 1891 an der Kunstgewerbeschule in Hamburg und an der Dresdener Kunstakademie. Er zeichnet einige sozialkritische Motive, wie die „Frau mit Hundekarren" (1892), die Wilhelm II. zur „Rinnstein-Kunst" gezählt hätte. Weitere Zeichnungen entstehen im Jugendstil, veröffentlicht in der Zeitschrift „Jugend" und im „Simplicissimus". In Russland erhält Barlach 1905/06 seine richtungsweisenden künstlerischen Impulse.

Im Ersten Weltkrieg muss Barlach nur kurz als Landwehrsoldat dienen. Umso mehr prägte ihn diese Zeit, wie seine späteren zahlreichen Ehrenmale für die Toten des Krieges zeigen. Nach dem Versailler Vertrag beginnt Deutschland 1919 das Wagnis der ersten Demokratie. Die Zeit der Weimarer Republik ist die lebenszeitliche Schnittmenge von Barlach und Andersch.

Barlach erlebt in den zwanziger Jahren seine großen Erfolge. Ab 1926 zeigt sich erste Kritik vorwiegend an seinem plastischen Werk. Er muss Entwürfe zurückziehen, Aufträge bleiben aus. Direkt nach der Machtergreifung mehren sich die Angriffe von rechts gegen ihn. Er wird indirekt gezwungen, einen „Ariernachweis" vorzulegen. Der Druck wird stärker, er bekommt Ausstellungsverbot, ihm droht Berufsverbot. 1937 werden 381 Werke aus öffentlichen Sammlungen beschlagnahmt, eine Bildmappe und die Skulptur „Das Wiedersehen" werden in der Ausstellung „Entartete Kunst" öffentlich an den Pranger gestellt. 1938 stirbt Barlach.

Alfred Anderschs Jugend fällt in die unruhige Zeit der Weimarer Republik. Er beginnt 1924 mit ersten literarischen Versuchen. Ab 1930 ist er im Kommunistischen Jugendverband aktiv, wird 1933 verhaftet und für einige Monate in ein Konzentrationslager eingewiesen. Nach einer zweiten Verhaftung tritt er aus der Partei aus. Im Krieg desertiert er in Italien 1944 zu den Amerikanern. Nach 500 Tagen Gefangenschaft kehrt er in das zerstörte Deutschland zurück. Er ist Mitglied der literarischen „Gruppe 47", arbeitet bei verschiedenen Radiosendern, schreibt Hörspiele und Radio-Essays. 1952 veröffentlicht er sein erstes Buch „Die Kirschen der Freiheit". In ihm reflektiert er sein bisheriges Leben und begründet seine Fahnenflucht. 1957 folgt der Roman „Sansibar oder der letzte Grund". Weitere Erzählungen und Romane schließen sich an. 1958 legt er alle öffentlichen Ämter nieder und übersiedelt bzw. „flieht" in ein kleines Schweizer Bergdorf. 1985 stirbt Alfred Andersch.

Pazifismus – Widerstand – Emigration

Barlachs anfängliche Euphorie zu Beginn des Ersten Weltkrieges legt sich sehr bald, als er in seinem Heimatort Güstrow Verwundeten-, Flüchtlingstransporte und Gefangenenlager sieht. Feldpostbriefe und die zunehmenden „Helden"-Todesmeldungen von der Front vermitteln ihm das wahre Gesicht des Krieges. 1916 zeichnet er einen tröstenden Christus vor einem riesigen Gräberfeld, betitelt „Anno Domini MCMXVI post Christum natum" (= 1916). Wie oft in seinen Arbeiten stellt er das Individuum in seinem Leid dar. Seine Briefmitteilung von 1916 „Ich glaube, wer den Krieg malen will, der muss den Frost malen" (EB Briefe I, Nr. 249), setzt er 1917 in die Plastik „Frierendes Mädchen" um. Die Kriegerehrenmale – erste Entwürfe ab 1918 – weisen ihn als engagierten Pazifisten aus, rufen gleichzeitig die ewig Gestrigen auf den Plan.

Barlach setzt nicht nur seine Kunst gegen den Krieg, sondern sagt öffentlich seine Meinung, so in einer viel beachteten Rundfunkrede im Deutschlandsender am 23. 1. 1933 kurz vor der Machtergreifung der Nationalsozialisten. Er nennt diese zwar nicht direkt beim Namen, aber jeder weiß, wer gemeint ist, wenn er von dem Kampf der „Geistigen" und „Ungeistigen" spricht. Für ihn ist klar:

„Die Unentrinnbarkeit vor dem Verderben ist mit dem Anderssein als alle jene, die das Gesetz für sich haben, zugleich gegeben." Aus eigener Erfahrung weiß er: „Jeder Tag erstickt unsre Bewegungsfreiheit in einem Gestrüpp dorniger Ideologien." Und die „Legende von der Gedankenfreiheit ist eine umstürzlerische, ja, landesverräterische Ehemaligkeit geworden, von der man besser nicht spricht" (EB, Prosa II, S. 413ff.).

Nach der Machtergreifung erkennt Barlach recht früh das wahre Gesicht der neuen Machthaber. So teilt er am 5.3.1933 einem Briefpartner mit, dass er „keine anderthalb Sekunden" gebraucht habe, „um den Reichstagsbrand als Theaterbrand zu erkennen" (EB, Briefe II, Nr. 1026). Auch weiß er bereits im April 1933, dass „die Konzentrationslager zu statutengerecht verwalteten Behältnissen geworden" sind. (EB BiG, S. 29f.). Er straft damit viele Deutschen Lügen, die von nichts gewusst haben wollen.

Er wehrt sich gegen Ausstellungsverbote und Beschlagnahmungen seiner Werke und scheut sich nicht Joseph Goebbels, von dem er weiß, dass er zwei Werke von ihm besitzt, am 25. 5. 1936 persönlich anzuschreiben. Ausführlich versucht er zu begründen, dass die beschlagnahmten Zeichnungen nur „Schilderungen rein menschlicher und zeitloser Zustände" darstellen. Mutig stellt er fest: „Der künstlerische Wert oder Unwert meiner Arbeiten steht außerhalb der von der politischen Polizei zu treffenden Entscheidungen." (Briefe II, Nr. 1307) In einem Brief an die Geheime Staatspolizei erhebt er schärfsten Protest gegen den Vorwurf, seine Arbeiten seien „bolschewistisch" und stellten eine „Gefährdung der Kulturpolitik" dar (Briefe II, Nr. 1310).

Antworten bleiben aus. 1937 denkt er erstmals über eine Emigration nach, verwirft aber diese Lösungsmöglichkeit: „Ins Ausland gehe ich nicht, im Vaterland muss ich mich wie ein Emigrant fühlen – und zwar schlechter wie ein wirklicher, weil alle Wölfe gegen mich und hinter mir heulen." (Briefe II, Nr. 1397) Deutlich wird, wie entwurzelt der Künstler ist. Die Fremde, die ihm bei seinen wenigen Auslandsreisen zuwider war, kann nicht seine Zukunft sein. In seiner Heimat Mecklenburg fühlt er sich als Emigrant.

Die Beschlagnahme seiner Werke, das angedrohte Berufsverbot und das verfügte Ausstellungsverbot kommentiert er: „So weit ist es nun gekommen, aber das Ausstellen von Arbeiten ist ferner unmöglich. In Spanien nennt man das Garottierung, Erdrosselung, was darf man selbst dazu sagen? Man darf überhaupt nichts sagen." Sein abschließender Wunsch „Also, hoffen wir auf 38!" erweist sich als makabrer Sarkasmus (Briefe II, 1424, S. 746).

Die Kampagne der Nationalsozialisten gegen den Geist zerstört Barlach. Die Kunst in Deutschland ist gleichgeschaltet, Barlach ausgeschaltet, er stirbt am 24.10.1938.

Auch Alfred Andersch erlebt schon als junger Mensch die aufkommende rechte Bedrohung durch die „nationalistischen Doktrinen seines Vaters". Sie lassen ihn ein halbes Jahr nach dessen Tod 1932 in die Kommunistische Partei eintreten. Hier erlebt er die politische Radikalisierung und Polarisierung der Weimarer Zeit hautnah. Nach der Machtergreifung wird die Zeit für ihn lebensbedrohend, und nach einem zweimonatigen Aufenthalt in einem Konzentrationslager und einer weiteren Verhaftung tritt er aus der Partei aus, gibt seinen Widerstand auf und „antwortete auf den totalen Staat mit der totalen Introversion" (AA KF, S. 23 u. 45). In Italien läuft Pfingsten 1944 sein „Leben endlich auf den Punkt zu, auf den es einen für mich unsichtbaren Kurs gehalten hatte", nämlich zur „Fahnenflucht". Er wehrt sich gegen den Zwang eines befohlenen Eides durch Desertion als die „äußerste Form der Selbstverteidigung" (AA KF, S. 59 u. 108). Er wählt den Weg aus Deutschland und ist sich darüber im Klaren, dass dieser Schritt von der Mehrzahl seiner Kameraden und der Bevölkerung abgelehnt wird.

Nach dem Krieg setzt er sich mit der Emigration auseinander. Er unterscheidet dabei zwischen der inneren und äußeren Emigration. Er bezieht Position für die verbleibende Literatur, der inneren Emigration – zu übertragen auch auf die Kunst. Er findet es absurd, „von ihr zu behaupten, sie habe durch ihr reines Verbleiben schon das System gestützt; sie hat vielmehr in einem jahrelangen aufreibenden Kleinkrieg mit der offiziellen Propaganda zur inneren Aushöhlung des Systems beigetragen." (GH Lb, S. 121.)

Diesen aufreibenden Kleinkrieg hat Barlach gegen das NS-System geführt, wenn auch ohne persönlichen Erfolg. Er hat damit zum Verfall der Diktatur beigetragen. Künstler, Musiker, Literaten und Intellektuelle vollzogen individuell jeweils für sich selbst, wie sie widerstehen konnten: „Wenn ein wirksamer illegaler Kampf im Inneren nicht mehr möglich war, dann war die Stunde der Emigration angebrochen. Die Emigration war es, die das internationale Ansehen des deutschen Namens wenigstens teilweise retten konnte." Für Andersch gilt, dass die „Entscheidung zur Emigration eine Entscheidung zur Freiheit – nicht etwa zur Flucht – bedeutete". Somit ist auch seine Fahnenflucht zu den Amerikanern mehr als eine Flucht, sie ist die Entscheidung zu den – wie er seinen Bericht dazu metaphorisch betitelt – „Kirschen der Freiheit" (AA KF, S. 130).

Noch vor Gründung der Bundesrepublik gibt er 1946 zusammen mit anderen Schriftstellern die kritische Zeitschrift „Der Ruf" heraus, mit dem richtungsweisenden Untertitel „Unabhängige Blätter der Jungen Generation". Nach wenigen Ausgaben wird sie von der amerikanischen Militärregierung verboten. Ab 1949 erlebt er die zweite deutsche Demokratie. Deutschland wird zweigeteilt, die Bundesrepublik orientiert sich zum Westen, die DDR wird dem kommunistischen Machtblock einverleibt, die Chancen zur Wiedervereinigung sind vertan. Seine Mitgliedschaft in der literarischen Vereinigung „Gruppe 47" bezeichnet er als systemkritisch, sie „war die große Widerstandszelle der westdeutschen Schriftsteller gegen die Restauration der Bourgeoisie, gegen das Regime Konrad Adenauers" (MM, S. 141). Andersch führt seinen bereits vor dem Krieg verlorenen Klassenkampf weiter fort. Die gesellschaftliche Realität ist eine andere. Die Entnazifizierung gelingt nur unzureichend. Führungspositionen werden sowohl in der Politik als auch in der Wirtschaft mit „alten Kameraden" besetzt. Die Bundesrepublik wird 1955 wiederbewaffnet und tritt der NATO, dem westlichen Militärbündnis, bei. 1956 wird die allgemeine Wehrpflicht eingeführt. Andersch macht nicht mehr mit. Im selben Jahr kündigt er „eine neue Desertion an, denn ich habe für Deutschland nur noch Verachtung und Hass übrig und hoffe, dass es mir in diesem Leben gelingt, einmal nichts mehr mit den Deutschen zu tun haben zu müssen. Es ist schon schlimm genug, dass man gezwungen ist, in ihrer Sprache schreiben zu müssen" (BJ AA, S. 77). Seine oppositionelle Haltung zeigt sich besonders in seiner redaktionellen Tätigkeit beim Süddeutschen Rundfunk. Er wird durch den Rundfunkrat zurechtgewiesen, Beiträge werden kurzfristig gestrichen. Seine Tendenz, Deutschland zu verlassen verstärkt sich durch heftige Diskussion über seinen Bericht „Kirschen der Freiheit", die z.T. in öffentlichen Morddrohungen gegen ihn gipfeln (WS Mat). 1958 gibt er alle öffentlichen Ämter auf und übersiedelt in das kleine Tessiner Bergdorf Berzona in der Schweiz.

Stephan Reinhard (SR AA, S. 5), Verfasser einer Biografie Anderschs, umschreibt die erneute Emigration: „Berzona – Anderschs Sansibar". Andersch löst sich vom Alltagsjournalismus, wendet sich hin zu seiner Literatur. Das Thema Flucht als Weg zur Freiheit bleibt weiterhin in seiner Literatur eines seiner Leitthemen.

Gemeinsam ist Barlach und Andersch ihre kritische Haltung zur Gesellschaft. Bei Barlach, der eigentlich unpolitisch ist, erwächst sie aus einem Grundgefühl für das Individuum, dessen Ohnmacht, Ausgeliefertsein und Leiden er wahrnimmt.

Andersch denkt systemkritisch, da die von ihm benannten Missstände der Gesellschaft sich nicht ändern, flüchtet er vor ihnen oder ihretwegen. Eine Aussage Anderschs zum Reisen lässt sich auf seine Fluchten bzw. Emigrationen beziehen. „Jedes Reisen ist ein kritisches Unternehmen, eine Form der Selbstkritik, der Kritik an den Zuständen, in denen man lebt, der schöpferischen Unruhe, des Zwanges sich der Welt zu stellen." (AA NS, S. 106) Seine Stellungnahmen waren immer eindeutig und pointiert. Er „hat stets im unrechten Moment das Rechte, das meist das Linke war, deutlich und unüberhörbar gesagt." (GH Lb, S. 419).

Natur – Kunst – Künstlersein

Andersch und Barlach begegnen sich auch in ihrer Liebe zur Natur.

Für Barlach ist sie Quelle seines Lebens. Er braucht sie, um sich von seiner Arbeit zu entspannen, um in schwierigen persönlichen und gesellschaftlichen Situationen sich abzulenken und sich von ihr anregen zu lassen für sein künstlerisches Schaffen. Dazu bedarf es keiner großen Reisen. Er findet die Natur vor seiner Haustür, gleich, ob er an der Elbe oder in Güstrow wohnt. Lediglich die naheliegende See ist ihm immer wieder einen kurzen Ausflug wert. In seinen schriftlichen Darstellungen spürt man sein Einssein mit der Natur. Mit ungewöhnlichen sprachlichen Mitteln wie Bildern, Metaphern, Vergleichen und gewaltigen Wort- und Satzgebilden, oft Neuschöpfungen, gibt er seine Eindrücke ausdrucksstark wieder. Alle nur denkbaren Naturerscheinungen werden von ihm wahrgenommen. Er bekennt freimütig, dass er „doch alle bestimmenden Anregungen aus der Natur" habe (EB Briefe I, Nr. 377). Angesichts der russischen Landschaft beschreibt er diesen Prozess: „Wenn Himmel und Erde dem Blick zu Symbolen werden, dann weitet sich der betrachtende Mensch" und „der Ertrag seiner Blicke wird zu inneren Ereignissen" (EB Prosa I, S. 272). Die Motive seiner Arbeiten belegen dies eindrucksvoll.

Anderschs Naturerfahrungen spiegeln sich in den vorgestellten Reiseberichten wider. Er erprobt, „ob Literatur und Landschaft benachbart werden können" (AA NS, S. 361). Hierzu wählt er die Methode der Beschreibung, denn „in der dichterischen Beschreibung wird die Welt zum Phänomen. Das Phänomenale unterscheidet die dichterische Beschreibung vom Sachbuch" (AA ML, S. 8). Gute Beschreibungen, die er z. B. bei Alexander von Humboldt, Max Jünger und Joseph Conrad findet, sind immer seine Lieblingslektüre gewesen. Nicht die Ideen oder die Weltanschauung eines Autors interessieren ihn, sondern seine Beziehung zur Sache.

Anderschs Bücher beruhen, soweit sie ihm „als geglückt erscheinen, auf genauen Deskriptionen" (AA ML, S. 8). Die Sprache seiner Landschaftsbeschreibungen bleibt eng am Objekt. Er versucht die Natur möglichst exakt in ihren Farben, Formen und Strukturen darzustellen. Immer wieder fließen auch lyrische Elemente mit ein. Hinzu kommen philosophische Überhöhungen. Auffallend ist eine weitere Gemeinsamkeit mit Ernst Barlach. So vergleicht Andersch ebenfalls landschaftliche Elemente mit architektonischen Formen, meist der Gotik. In Italien erscheint ein Berg im Norden Roms „als normannischer Schiffsbug oder als gotische Apsis." (AA NS, S. 78f.). In Norwegen sieht er in einem verwitterten Brett „die Geometrie von Kreuzgewölben" und der Liefdefjord hat eine „gotische Atmosphäre" (AA HB, S. 156ff.).

Er hält die Untersuchung des „sogenannten Schönen im System unserer Naturerkenntnis" für angebracht und fordert „eine Ästhetik der Natur", denn das „Werk des Weltenbaumeisters darf in gleicher Weise Gegenstand formaler Betrachtung sein wie ein von Menschenhand geschaffenes Kunstwerk". Er stellt die Formen der Natur denen der Kathedrale von Chartres oder einem Bild von Cézanne gegenüber. Die Wirkung einer Landschaft oder einer Blume ist zu vergleichen mit der eines Gedichtes oder einer Fuge von Bach. Letztendlich geht es für Andersch zukünftig um „den Nachweis der Existenz von Geist in der Materie".

Andersch nutzt die literarischen Erfahrungen seiner Landschaftsbeschreibungen in seinen Erzählungen und Romanen. Hier wandelt sich der ästhetische Blick in einen politischen, wie die Sprachuntersuchung zu „Sansibar" gezeigt hat. Natur und Architektur verstärken die Gefühle der Handelnden, gleich, ob sie bedroht oder frei sind.

Schreibender Bildhauer und ästhetischer Schriftsteller

Ernst Barlachs Doppelbegabung wird mit „Dichter mit dem Schnitzmesser" pointiert umschrieben (EB WuW, S. 319). Schon 1889 ist sich Barlach seiner künstlerisch-literarischen Fähigkeiten bewusst: „Als Bildhauer muss mir von den drei Arten, auf welche man das Leben und Treiben der Menschen abkonterfeit, der Plastik, dem Malen und Zeichnen und der Erzählung, die erste natürlich am geläufigsten und liebsten sein. Nun kann mir aber die Plastik nicht ganz genügen, deshalb zeichne ich, und weil mir auch das nicht ganz genügt, schreibe ich." (EB Prosa JZ, S. 442) Kontinuierlich begleiten ihn seine fast 2000 erhaltenen Briefe, in denen er Alltägliches, Zeitgeschichtliches mit Grundsätzlichem übergangslos vermischt und dadurch der Theorie einen personalen Zug gibt.

Aus seiner Frühzeit gibt es zahlreiche literarische Fragmente, sowohl märchenhafte Stimmungsbilder als auch Naturbeschreibungen. „Das russische Tagebuch" dokumentiert seine große Reise, die sein bildnerisches Schaffen nachhaltig geprägt hat. Es wird ergänzt durch zahlreiche Skizzenbücher, in denen er seine visuellen Eindrücke festhält. Später schafft er nach ihnen erste Porzellanfiguren. Immer wieder stellt Barlach sein eigenes bewegtes Leben biografisch dar, so in „Ein selbst erzähltes Leben" oder im „Güstrower Tagebuch". Neben mehreren Romanen schreibt er acht Dramen, von denen einige noch zu seinen Lebzeiten aufgeführt wurden. Er illustriert Gedichte Goethes und Texte Kleists. Auch seine eigenen Romane versieht er mit Zeichnungen oder Holzschnitten. 1924 wird ihm der Kleistpreis verliehen. Auch das junge Medium Radio wird von ihm genutzt, um seine Kritik an den Herrschenden zu artikulieren.

Für Barlach selbst ist klar: „Meine künstlerische Muttersprache ist nun mal die menschliche Figur oder das Milieu, der Gegenstand, durch das oder in dem der Mensch lebt, leidet, sich freut, fühlt, denkt. Darüber komme ich nicht hinaus." (EB Briefe I, Nr. 275) Die Figur, das ist die Plastik, steht im Mittelpunkt seines Interesses. Es geht ihm dabei nicht um formale Umsetzungen, sondern um den Menschen in seinem Dasein und Sosein, mit seinen Höhen und Tiefen. „Form bloß als Produkt des Formexperiments ist wertlos", sagt er und ergänzt: „Es gibt die Form für das Innere oder den Inhalt. Ausdruck ohne Inhalt ist Konstruktion." (EB Kat. 81, S. 34). Die Spannbreite der Ausdrucksvielfalt zeigt sich an den Titeln einiger seiner Plastiken, die hier kontrastierend gegenübergestellt werden: „Asket" – „Bettlerin", „Frierendes Mädchen" – Tanzende Alte", „Mann im Stock" – „Wanderer", „Berserker" – „Lachende Alte" und schließlich „Das schlimme Jahr 1937" und der „Lesende Klosterschüler".

Alfred Andersch wählt für den Roman „Sansibar oder der letzte Grund" mit dem „Lesenden Klosterschüler" eine Skulptur aus, auf die seine Aussage zutrifft: „Jedes vollkommene Kunstwerk ist ein gelungener Ausbruch aus der Blindheit der reinen, sich selbst genügenden Form." (GH Lb, S.217) Damit bestätigt er auch Barlachs Auffassung von Form und Inhalt. Die Wahl der Skulptur des „Lesenden Klosterschülers" und deren einfühlsame Beschreibung zeigt Alfred Anderschs intensive Beziehung zur Kunst. Die Begegnung mit Kunst führt den Hauptakteur Gregor im Roman zum Wendepunkt seines Lebens.

Anderschs kultureller Bildungsstand wird deutlich, wenn man weiß, dass er 1943 über 600 Bücher bei der Ausbombung seines Elternhauses in Hamburg als verlustig meldete. Darunter ist u.a. die Reihe der Bauhaus-Bücher von Künstlern und Lehrern wie Klee und Kandinsky. Dazu gehören Grundlagenwerke der Kunstgeschichte und Veröffentlichungen über Michelangelo, Cézanne und Matisse. Ebenso finden sich Stadtbeschreibungen u.a. zu Florenz, Siena, Prag. Wiederholt sind Schriften über Kirchen angegeben. Die Gotik, u.a. ein Band über die Meister der gotischen Plastik, findet sein Interesse. Nimmt man eine Veröffentlichung über die Kirche in Bad Doberan hinzu, so spannt sich ein Bogen zum fiktiven Handlungsraum des Romans.

Auslöser für sein künstlerisches Interesse sind die Ereignisse nach seiner Inhaftierung und dem Austritt aus der Kommunistischen Partei. Im Gegensatz zu Barlach kommt Andersch erst durch die gesellschaftlichen Verhältnisse zur Kunst: „Der Ausweg, den ich wählte, hieß Kunst". Er durchstöbert Buchläden und Antiquariate, liest Rilke, E.T.A. Hoffmann, auch „Musikalisches schoss ein, erste Ahnung des Jazz", reist viel, lernt Städte kennen. (AA KdF, S. 45ff.). Hier deutet sich bereits der umfassende ästhetische Ansatz Anderschs an.

Von seiner zweiten Frau Gisela Groneuer, eine anerkannte Künstlerin, erfährt er Grundsätzliches zum bildnerischen Gestalten. Er hat dabei gelernt, „dass Bilder etwas ganz anderes sind als Texte". Ihr widmet er 1977 die kleine Schrift „Einige Zeichnungen" (AA EZ, S. 9f.), in der er nicht nur ihre künstlerische Arbeit analysiert, sondern auch grundsätzliche Aussagen zur Kunst macht. Gleich einem abstrakten Bild formuliert er ihr künstlerisches und sein literarisches Schaffen: „Bild = materialisierte Form. Zeichen. / Text = formalisiertes Material". (AA EZ, S. 38)

In den Jahren 1955 bis 1957 gibt er eine literarische Zeitschrift mit dem richtungsweisenden Titel „Texte und Zeichen" (TuZ) heraus. Seine Frau entwirft das Titelbild. „Texte und Zeichen" verstand sich „nicht nur als Zeitschrift für Literatur, sondern für Kunst im weitesten Sinn" (MM, S. 53). In ihr finden sich u. a. Texte von Theodor W. Adorno, Franz Kafka, Heinrich Böll, Hans Magnus Enzensberger, Jean Paul Sartre. Beispiele chinesischer Lyrik und afrikanischer Kunst zeigen die interkulturelle Sichtweise. Es gibt Beiträge zur modernen Musik und zur aktuellen Kunst. Die Abbildungen belegen, dass Andersch dem erweiterten Kunstbegriff ein Diskussionsforum geben wollte. So finden sich Karikaturen, experimentelle Fotografien, Bühnenbilder, Szenenbilder von Dramen, Standfotos von Filmen und Architekturdarstellungen.

Parallel zu seinen literarischen Arbeiten ist Andersch von 1948 bis 1958 bei verschiedenen Rundfunkanstalten tätig, so als Gründer und Leiter des „Abendstudios" des Senders Frankfurt, als Leiter der gemeinsamen „Feature-Redaktion" der Sender Hamburg und Frankfurt und als Leiter der Redaktion „Radioessay" in Stuttgart. Insgesamt 110 Sendungen in drei Jahren zeigen sein Engagement für diese neuen literarischen Formen. (SR AA, S. 256) Er selbst verfasst von 1949 bis 1975 38 Hörspiele und Features.

Als Leiter einer Film-Expedition des Deutschen Fernsehens im Jahre 1961 zur Inselgruppe Spitzbergen im Nordpolarmeer schreibt er nicht nur einen weiteren Reisebericht (AA HB), sondern arbeitet mit einem Filmemacher zusammen und lernt die „Kunstform des zeitlichen Ablaufs" kennen. Für ihn spielt das Bild „im Film nicht die Rolle der Imago in der Malerei, sondern ist mit der Funktion der Metapher in der Dichtung identisch." Andersch stellt ein vollständiges Desinteresse der deutschen Literatur am Film fest und fragt sich, „warum der Film sich nicht als visuelle Form der Literatur definieren könnte, denn die Urzelle eines Filmes ist immer ein Text" (GH Lb, S. 201f.). 1962 wird sein Roman „Die Rote" verfilmt. Zusammen mit dem Regisseur Helmut Käutner arbeitet er am Drehbuch mit und ist während der zweimonatigen Dreharbeiten in Italien anwesend.

Anderschs literarisch-ästhetisches Gesamtwerk lässt sich mit Gerd Haffmans pointiert zusammenfassen: „Alfred Andersch ist ein schwieriger, leicht zu lesender, amüsanter, ernster, humoristischer, klassischer, analytischer, subjektiver, politischer, lyrischer, typisierender, psychologischer, satirischer, zynischer, humaner, experimenteller, traditioneller, engagierter, linker, literarischer, naiver, romantischer Erzähler – Essayist – Reiseschilderer – Gelegenheitslyriker – und – Kritiker." (GH Lb, S. 422f.)

Der Mensch als Mittelpunkt von Kunst und Literatur

Wesentlicher Ausgangspunkt für einen Vergleich Barlachs und Anderschs ist ihre Lebensschnittmenge, die in die Zeit von Weimarer Republik und Nationalsozialismus fällt. Hier sammeln sie nicht nur ihre Lebenserfahrungen, sondern auch ihre politischen Grundeinstellungen. Barlachs pazifistische Grundhaltung wird im Ersten Weltkrieg gelegt, dessen Ausgang einer der Gründe für das Scheitern der ersten deutschen Republik war. Andersch und Barlach nehmen die sich ändernden gesellschaftlichen Strukturen aufmerksam wahr. Barlach engagiert sich nach dem Krieg mit seinen Ehrenmalen für den Frieden, deren Beseitigungen den stetigen Zerfall der jungen Demokratie belegen. Er leistet offen Widerstand gegen den Nationalsozialismus und verweist früher als andere, die nach dem Krieg angeblich nichts von allem gewusst haben, auf die neuen Konzentrationslager und weiß sofort, wer den spektakulären Reichstagsbrand initiiert hat.

Andersch tritt aus der Kommunistischen Partei aus, obwohl er deren Ideale nie ganz ablegte. Dadurch findet er zur Kunst.

Im „Lesenden Klosterschüler" begegnen sich Barlach und Andersch. Die Figur steht stellvertretend nicht nur für die Gefährdung der Freiheit der Kunst in Diktaturen, so wie es mit zahlreichen Werken Barlachs geschah. Sie steht auch symbolisch für den kritisch denkenden Menschen, der frei entscheiden kann, losgelöst von allen Zwängen gleich in welcher Gesellschaftsform. Barlachs Figur ist Symbol der Demokratie, Zeichen für geistige Auseinandersetzung. Weitere Schnittpunkte bilden ihre intensiven Naturwahrnehmungen und ihre Vorliebe für nordische Landschaften. Hier sammeln beide Energie für ihr Schaffen, sie setzen ihre Naturerfahrungen in ihren Werken sprachlich und bildnerisch um. Schließlich verbindet sie noch der Architekturraum der Gotik, auch wenn sie beide nicht der Religion selbst verbunden gewesen sind. Sie sehen in den Kirchen des Mittelalters mehr als Architektur, sie erkennen die von Menschen geschaffenen historischen Dimensionen, die trotz Zerstörung immer wieder neu erstanden sind, als Zeichen einer Verbundenheit des Menschen mit einem höheren Wesen.

Für beide steht der Mensch im Mittelpunkt ihres künstlerischen und literarischen Schaffens. Alfred Anderschs Werke sind „Ausdruck ein und derselben Haltung: eines entschiedenen Humanismus" (GH Lb, S. 419). Bertolt Brecht hält Barlach für einen der größten Bildhauer der Deutschen: „Der Wurf, die Bedeutung der Aussage, das handwerkliche Ingenium, Schönheit ohne Beschönigung, Größe ohne Gerecktheit, Harmonie ohne Glätte, Lebenskraft ohne Brutalität machen Barlachs Plastiken zu Meisterwerken." Für ihn ist „die Liebe zum Menschen, der Humanismus Barlachs unbestreitbar" (BB, S. 182ff.).

Alfred Andersch im Nationalsozialismus

Auf Anderschs Zeit als Kommunist und seinen Aufenthalt im Konzentrationslager Dachau und eine zweite Verhaftung, die schließlich zu seinem Austritt aus der KPD führte, wurde bereits eingegangen. Ebenso wurde seine erfolgreiche Fahnenflucht dargestellt, die seine Grundhaltung zum Nationalsozialismus widerspiegelt.

In den letzten Jahren sind wiederholt Vorwürfe zu seinem Verhalten im Nationalsozialismus gemacht worden. Kritiker werfen Andersch mangelnde Moral vor und sehen ihn in einem neuen Licht. Dabei geht es im Einzelnen um eine mögliche Verdrängung oder bewusste Verschleierung der Vorgänge im Zusammenhang mit der Scheidung von seiner jüdischen Frau Angelika Albert, seiner zeitweisen Befreiung vom Wehrdienst in den Kriegsjahren 1941, 1942 und um seine Aussagen zur Ehe in der amerikanischen Kriegsgefangenschaft.

Alfred Anderschs Tochter aus der zweiten Ehe Annette Korolnik-Andersch beauftragte 2007 Johannes Tuchel, den Leiter der „Gedenkstätte Deutscher Widerstand" in Berlin, mit der Klärung der Sachverhalte. (SÜ, S. 31 ff.)

Andersch heiratete 1935 Angelika Albert. Deren Mutter war Jüdin, ihr Vater Arier. Somit galt Angelika als Halbjüdin. Ihre Mutter wurde nach dem Tod ihres Ehemannes als „Volljüdin" verhaftet. Sie kam zunächst in ein Münchener Judenlager, von dem aus sie am 15. Juli 1942 ins „Altersgetto" Theresienstadt bei Prag transportiert wurde. Von dort aus wurde sie am 31. August 1944 für tot erklärt.

Andersch wurde am 17. März 1940 als Soldat zur Wehrmacht eingezogen, zunächst nach Frankreich als Bausoldat. Am 12. März 1941 wird er überraschend entlassen. Ein vorliegendes Dokument begründete dies mit einer Verfügung für „jüdische Mischlinge". Danach galt er als Arier, der mit der Halbjüdin Angelika verheiratet war, nun als „jüdisch Versippter". Im Aktenvermerk heißt es: „n. z. V. = nicht zu verwenden". Den Antrag auf Entlassung soll Andersch selbst gestellt haben.

Im März 1943 ließ Andersch sich von Angelika scheiden. Er musste nun mit einer Wiedereinberufung als Soldat rechnen, da die Verfügung von 1941 nicht mehr griff. Er war nun „reiner" Arier. Kurz nach der erneuten Musterung am 15. September 1943 wurde er als „k. v. = kriegsverwendungsfähig" eingestuft und zur Wehrmacht eingezogen.

Kritiker werfen Andersch vor, dass er die Gefährdung seiner jüdischen Frau billigend in Kauf genommen habe. Dagegen spricht eine Verfügung der Organisation Todt, die für die Zwangsarbeit in der Rüstungsindustrie zuständige NS-Organisation, dass Mischlinge ersten Grades „möglichst innerhalb ihres Wohnbereiches" einzusetzen waren.

Der zweite Vorwurf bezieht sich indirekt auf die Scheidung. Als „jüdisch Versippter" hätte er nicht veröffentlichen können. Dazu benötigte er eine Befreiungserklärung der „Reichsschrifttumskammer". Er stellte diesen Antrag kurz vor der Scheidung am 16. Februar 1943. Als Familienstand gab er „geschieden" an.

Der dritte Kritikpunkt bezieht sich auf Anderschs Aussagen in der amerikanischen Kriegsgefangenschaft (7. Juni 1944 bis November 1945).

Zu Beginn der Gefangenschaft wurden den Soldaten alle schriftlichen Unterlagen beschlagnahmt. Andersch beantragte die Rückgabe der Tagebücher, Briefe und Manuskripte, da sie für ihn von großer Wichtigkeit waren. Als Gründe nennt er: „Prevented (Verhindert) from free writing, up to now, my wife beeing a mongrel of jewish descent (Mischling jüdischer Abstammung), and my own detention (Aufenthalt, Internierung) in a German concentration camp for some time." Die Unterlagen waren ein großer Teil seines Denkens und Planens in den „langen Jahren der Unterdrückung" (SR, S. 111).

Andersch verleugnete seine Scheidung. Die Motive bleiben im unklaren.

Die amerikanischen Lagerbehörden legten Wert darauf, dass es in den Kriegsgefangenenlagern nicht zu Konflikten der Soldaten untereinander kam. Man brachte sie in getrennte Bereiche unter, „einem für Soldaten, die ihren Kriegsdienst nicht infrage stellten, und einem für Soldaten, die sich bei ihrer Gefangennahme als Hitler-Gegener bezeichnet hatten" (AA DS, S. 418, 430 f.). Wiederholt kam es zu

Übergriffen auf die letztere Gruppe z. T. mit tödlichem Ausgang. Die Aufnahme Anderschs in diese Gruppe dürfte aufgrund seines KZ-Aufenthaltes und seiner Fahnenflucht erfolgt sein.

Mit 150 ausgesuchten Antifaschisten und Demokraten arbeitete er als Feuilletonredakteur an der Lagerzeitschrift „Der Ruf" mit und konnte eigene Texte veröffentlichen, u a. die Kurzgeschichte „Fräulein Christine". (SR, S. 115ff.) Die Umerziehung der Gefangenen wurde mit dem Zeugnis „Prisoner of War Education Programm" bestätigt. Andersch erhielt den Vermerk „selected citizen of Germany". Seine selbstständige Redaktionstätigkeit wurde gelobt: „Er zeichnet sich durch literarisches Wissen und Formsinn aus. Er erwies sich im Sinne einer echten demokratischen Gesinnung als zuverlässig." Er sei in der Lage, als Feuilletonredakteur eine verantwortliche Stelle zu übernehmen.

Sofort nach seiner Entlassung und Rückkehr nach Deutschland erhielt er einen Arbeitsplatz in der Redaktion an der von der US-Besatzungsbehörde herausgegeben „Neuen Zeitung", an der auch Erich Kästner mitarbeitete.

Alfred Andersch hatte sein Ziel, Schriftsteller zu werden, erreicht.

Einig sind sich die Kritiker, dass die Qualität des schriftlichen Werkes Anderschs durch die genannten Vorwürfe nicht geschmälert wird.

Johannes Tuchel kommt zu dem Schluss, dass Andersch sich wie viele Deutsche nach 1945 „neu erschaffen" habe. Es stehe fest, dass er „manche Fakten verändert hat, um sich selbst positiver darzustellen, andere hat er weggelassen und geschönt" (SÜ, S. 40 f.).

Damit steht er neben anderen deutschen Schriftstellern nicht alleine.

In einem Interview sagt Anderschs Tochter Annette Korolnik-Andersch, dass sie ihren Vater gerne fragen würde, „warum um Gottes willen er sich damals scheiden ließ", zumal er mit seiner Ehefrau „eine offene Ehe" führte und seine zukünftige zweite Frau Gisela Groneuer sich erst 1949 scheiden ließ. Sie betont nachdrücklich besonders aus ihrer Sicht als Tochter: „Es war ein privater, ein persönlicher Entscheid, niemals ein antisemitischer. Ich glaube, er hat wirklich nicht gewusst, was er da anrichtet." (FR)

Anhang

Literatur zu Ernst Barlach

Barlach, Ernst
Ein selbst erzähltes Leben. München 1996

Naomi, Jackson Groves
Ernst Barlach. Leben im Werk. (Die blauen Bücher). Königstein 2009

Ernst Barlach Gesellschaft
Ernst Barlach. Mystiker der Moderne, Katalog. St. Katharinen 2003

Albrecht, Dietmar
Literaturreisen: Texte, Barlach in Wedel, Hamburg, Ratzeburg und Güstrow.
Stuttgart 1990

Seemann, Uwe
Ernst Barlach – Landschaften seines Lebens. Rostock 2009

Birnbaum, Brigitte
Ernst Barlach – Annäherungen. Schwerin 1996

Cramer, Catherine
Ernst Barlach. Reinbek 2002

Literatur zu Alfred Andersch

Andersch, Alfred
Sansibar oder der letzte Grund. Zürich 1970

Andersch, Alfred
Kirschen der Freiheit. Ein Bericht. Zürich 1971
Andersch, Alfred
Gesammelte Werke (in 10 Bänden). Hrsg.: Dieter Lamping. Zürich 2004

Haffmans, Gerd (Hrsg.)
Über Alfred Andersch. Essays, Aufsätze, Briefe, Gespräche. Zürich 1987

Jendrike, Bernhard
Alfred Andersch mit Selbstzeugnissen und Bilddokumenten. Reinbek 1994

Korolnik, Marcel / Korolnik-Andersch, Annette
Alfred Andersch. Sansibar ist überall. Seine Welt in Texten, Bildern, Dokumenten.
München 2008

Lamping, Dieter (Hrsg.)
Alfred Andersch. Gesammelte Werke (in 10 Bänden): Zürich 2004

Niggemeier, Friedhelm
Alfred Andersch. Sansibar oder der letzte Grund. Texte, Medien. Braunschweig,
Schroedel Verlag 2010

Poppe, Reinhard
Alfred Andersch – Literaturwissen. Stuttgart 1999

Reinhardt, Stephan
Alfred Andersch. Eine Biografie. Zürich 1996

Ritter, Alexander
Alfred Andersch. Sansibar oder der letzte Grund. Erläuterungen und Dokumente.
Stuttgart 2003

Reinhold, Ursula
Alfred Andersch. Politisches Engagement und literarische Wirklichkeit.
Berlin (DDR) 1988

Sollmann, Kurt
Sansibar oder der letzte Grund. Frankfurt 1999

Verfilmungen als DVD
Beilage zum Roman: Alfred Andersch. Sansibar oder der letzte Grund.
Reinhardt Wolffhardt: Sansibar. 1961. 90 Minuten. ARD. Bernhard Wicki. Sansibar
oder der letzte Grund. 1988. 163 Minuten. ARD/WDR. Zürich 2008 Diogenes Verlag

Literatur zur Region und zur Architektur

Albrecht, Thorsten u.a.
Weltkulturerbestädte: Lübeck, Wismar, Stralsund. Rostock 2004

Deutsche Stiftung Denkmalschutz
Wismar: Bauten der Macht. Bonn 2002

Deutsche Stiftung Denkmalschutz
Wismar und Stralsund. Bonn o.J.

Ende, Horst
Die Stadtkirchen in Mecklenburg. Berlin 1986

Feiler, Edelgard u. Klaus
Die verbotene Halbinsel Wustrow. Berlin 2004

Kiesow, Gottfried
Wege zur Backsteingotik. Bonn 2003

Quellenangaben und Abkürzungen

Zu Ernst Barlach

BB	Bertolt Brecht. Notizen zur Barlach-Ausstellung, in: Sinn und Form. Berlin, Heft 1/1952, S. 184
BP NE	Bernhard Pieper. Erinnerungen eines Verlegers. München 1950
Briefe I	Ernst Barlach. Die Briefe I (1888-1924). Hrsg. Friedrich Droß. München 1968
Briefe II	Ernst Barlach. Die Briefe II (1925-1938). Hrsg. Friedrich Droß. München 1969
Dokumente	Dokumente der Sozialistischen Einheitspartei Band III. Berlin (Ost), 1952
EB BiG	Friedrich Schult. Barlach im Gespräch. Leipzig 1989
EB BmB	Paul Schurek. Begegnungen mit Barlach. Ein Erlebnisbericht. Gütersloh 1954
EB GK	Rat der Stadt Güstrow. Ernst Barlach Gedenkstätte Gertrudenkapelle. Güstrow 1957
EB GT	Ernst Barlach. Hrsg. Elmar Jansen. Güstrower Tagebuch. Berlin 19802
EB Kat 51	Heinz Mansfeld. Die spätgotische Plastik in Mecklenburg und das Werk Ernst Barlachs. Berlin 1951
EB Kat 51/52	Ernst Barlach. Hrsg. Deutsche Akademie der Künste Ausstellung Dezember 1951 bis Februar 1952. Berlin 1951
EB Kat 81	Ernst Barlach. Werke und Werkentwürfe aus fünf Jahrzehnten. Hrsg.: Akademie der Künste der DDR, Katalog 3. Berlin 1981
EB Kat 98	Ernst Barlach. Artist of the North. Hrsg.: Doppelstein, Jürgen u. Ernst Barlach Stiftung Güstrow. Ernst Barlach Gesellschaft Hamburg. 1998
EB Prosa I	Friedrich Droß (Hrsg.) Die Prosa I. München 1958
EB Prosa II	Friedrich Droß (Hrsg.) Die Prosa II. München 1959
EB Prosa Jz	Elmar Jansen (Hrsg.) Prosa aus vier Jahrzehnten. Berlin 1966
EB RT	Ernst Barlach. Russisches Tagebuch: In Prosa I. a. a. O.
EB SP	Ernst Barlach. Hrsg. Friedrich Schult. Seespeck. Rostock 1962

EB WuW	Ernst Barlach. Hrsg. Elmar Jansen. Werk und Wirkung, Berichte, Gespräche und Erinnerungen. Berlin 1972
FL	Friedrich Lorenz. van Tongel – dreimal klingeln. Güstrow 2001
Goethe EB Zeichnungen	Johann Wolfgang Goethe. Goethe Gedichte. Zeichnungen von Ernst Barlach. Frankfurt am Main / Leipzig 1994
Probst	Die fiktive Reise von Ernst Barlachs Lesendem Klosterschüler über die Ostsee. Artist of the North. A.a.O. EB Kat 98, S. 270 - 278

Zu Alfred Andersch

AA DS	Alfred Andersch. Der Seesack. In: Gesammelte Werke, Bd. 5. Zürich 2004
A AF	Alfred Andersch. Aktion ohne Fahnen. Hörspiel. Cotta's Hörbühne 1989
AA AF MS	Alfred Andersch. Aktion ohne Fahnen. Hörspiel. Manuskript. Hessischer Rundfunk 1958
AA EE	Alfred Andersch. empört euch der himmel ist blau. Gedichte 1946 – 1977. Zürich 1977
AA EZ	Alfred Andersch. Einige Zeichnungen. Zürich 1977
AA FH	Alfred Andersch. Marxisten in der Igelstellung. In: Frankfurter Hefte 6 /51. S. 208ff. Frankfurt 1951
AA HB	Alfred Andersch. Hohe Breitengrade oder Nachrichten von der Grenze. Ein Reisebericht. Zürich 1984 (1969)
AA KF	Alfred Andersch. Kirschen der Freiheit. Ein Bericht. Zürich 1971 (1952)
AA ML	Alfred Andersch. Mein Lesebuch. Frankfurt/M 1974
AA NS	Alfred Andersch. Norden – Süden rechts und links. Von Reisen und Büchern 1951 – 1971. Zürich 1972
AA RW	Alfred Andersch. Aus einem römischen Winter. Reisebilder. Zürich 1979 (1966)
AA SG	Alfred Andersch. Sansibar oder der letzte Grund. Zürich 1970 (1957)
AA TuZ	Alfred Andersch (Hrsg.). Texte und Zeichen. Eine literarische Zeitschrift, 1955 – 1957. Reprintausgabe. Frankfurt o.J.

AA ÜA	Gerd Haffmans (Hrsg.). Über Alfred Andersch. Essays, Aufsätze, Briefe. Zürich 1987
AA WiN	Alfred Andersch. Wanderungen im Norden. Zürich 1962
ARD-Magazin	Bernhard Wicki im Gespräch. ARD Magazin Nr. 6. 1987
BJ	Bernhard Jendrike. Alfred Andersch. Reinbek 1994
FR	Frankfurter Rundschau. Interview zu Alfred Andersch. Frankfurt 27. 9. 2008
GH Lb	Gerd Haffmans. (Hrsg). Das Alfred Andersch Lesebuch. Zürich 1979
HB WG	Horst Bienek. Werkstattgespräche mit Schriftstellern. München 1962
HL	Irene Heidelberger-Leonhard u a. (Hrsg.). Alfred Andersch. Perspektiven zu Leben und Werk. Opladen 1994
MM	Marbacher Magazin. 17/1980. Texte und Zeichen. Deutsche Schillergesellschaft Marbach 1980
FR	Annette Koroknik-Andersch. Interview zu Alfred Andersch. Frankfurter Rundschau 27. 9. 2008
SR AA	Stephan Reinhardt. Alfred Andersch. Eine Biografie. Zürich 1996
SÜ	Marcel Korolnik / Annette Korolnik-Andersch. Alfred Andersch. Sansibar ist überall. Seine Welt in Texten, Bildern, Dokumenten. Edition text + kritik. München 2008
VW	Volker Wehdeking. Der Nullpunkt. Stuttgart 1971
WS Mat	Winfried Stephan (Hrsg.). Materialien zu „Die Kirschen der Freiheit" von Alfred Andersch. Zürich 2002

Lebensdaten Alfred Andersch

4.2.1914	Geburt in München. Vater Offizier im Ersten Weltkrieg.
1920 - 1928	Volksschule. Abgang vom Gymnasium wegen schlechter Leistungen.
1928 - 1931	Kaufmännische Lehre.
1930 - 1933	Politische Aktivität im Kommunistischen Jugendverband (KJV).
30.1.1933	Machtergreifung der Nationalsozialisten.
8.3.1933	Verhaftung, KZ Dachau. Beschlagnahme seiner Bücher. Nach Entlassung erneute Verhaftung, dann unter Gestapo-Aufsicht.
1.4.1933	Nürnberger Gesetze (antisemitisches Programm).
10.5.1933	Bücherverbrennung.
1934	Italienreise.
1935	Heirat mit Angelika Albert (Halbjüdin).
1937	Umzug nach Hamburg, Geburt der Tochter Susanne.
1937 - 1940	Arbeit in der Werbeabteilung der Leonarwerke in Hamburg.
1940	Bausoldat am Westwall, dann in Frankreich.
1940	Bekanntschaft mit Gisela Groneuer. Geburt des gemeinsamen Sohnes Michael.
1941	Entlassung aus der Wehrmacht, wegen der Heirat einer Halbjüdin (als sog. „jüdisch Versippter").
1943	Ehescheidung von Angelika Albert. Ausbombung der Wohnung in Hamburg. Erneute Einziehung zur Wehrmacht, da der Status als „jüdisch Versippter" nicht mehr galt. Der Suhrkamp Verlag lehnt drei Manuskripte ab.
1944	Soldat in Dänemark und Italien.
6.6.1944	Invasion in Nordfrankreich. Desertion Anderschs zu den Amerikanern in Italien.
1945	Kurzgeschichten: u.a. Christine.
- 15.11.1945	Kriegsgefangenschaft in den Vereinigten Staaten.
1946	Gründung der Zeitschrift „Der Ruf – Unabhängige Blätter der Jungen Generation".
1947	Mitarbeit an Frankfurter Heften. Mitglied der Gruppe 47.
1948 - 1950	Leiter des Abendstudios beim Sender Frankfurt.
1950	Heirat der Künstlerin Gisela Groneuer, zwei weitere Kinder.

1951 - 1953	Redaktionsleitungen bei den Sendern Hamburg und Frankfurt. Herausgeber der Buchreihe studio frankfurt.
1952	Bericht: Kirschen der Freiheit.
1956	Verbot der KPD in der Bundesrepublik.
1955 - 1957	Herausgeber von Texte und Zeichen, eine literarische Zeitschrift. Preis für Literatur.
1955 - 1958	Redaktion radio essay beim Sender Stuttgart.
1957	Roman: Sansibar oder der letzte Grund.
1958	Hörspiel: Aktion ohne Fahnen nach dem Sansibar-Roman. Andersch legt alle öffentlichen Ämter nieder und übersiedelt in das Tessiner Bergdorf Berzona. Erzählungen: Geister und Leute.
1960	Roman: Die Rote. Funkmontage: Der Tod des James Dean.
1961	Verfilmung: Sansibar, Süddeutscher Rundfunk. Regie: Rainer Wolffhardt.
1962	Verfilmung: Die Rote. Reisebericht: Wanderungen im Norden.
1962 - 1963	10 Monate in Rom. Erzählungen: Ein Liebhaber des Halbschattens.
1965	Leitung einer Filmexpedition des Deutschen Fernsehens in die Arktis. Hörspielsammlung: Fahrerflucht.
1966	Reiseberichte: Aus einem römischen Winter.
1969	Reiseberichte: Hohe Breitengrade, mit Fotos von Gisela Andersch.
1970	Vortragsreise durch Nordamerika.
1972	Reise nach Mexiko. Reiseberichte und Aufsätze: Norden Süden rechts und links.
1974	Roman: Winterspelt. Erkrankung an Gürtelrose.
1975	Reisen nach Spanien, Portugal und in die Sowjetunion. Literaturpreis der Bayerischen Akademie der Künste.
1977	Einige Zeichnungen (Texte zur Kunst). Gedichtsammlung: empört euch der himmel ist blau. Dialysebehandlung.
1978	Verfilmung: Winterspelt. Nierentransplantation. Mein Lesebuch oder Lehrbuch der Beschreibungen.

20.2.1980	Alfred Andersch stirbt an Nierenversagen.
1980	Erzählung: Vater eines Mörders.
1986	Verfilmung: Sansibar oder der letzte Grund.
	Regie: Bernhard Wicki. Westdeutscher Rundfunk. Aufnahmen in der DDR an „fiktiven" Schauplätzen.

Lebensdaten Ernst Barlach

2.1.1870	Geburt Barlachs in Wedel bei Hamburg, Vater praktischer Arzt.
1872	Umzug nach Wedel und Schönberg / Mecklenburg.
1877	Umzug nach Ratzeburg.
1884	Tod des Vaters, Rückkehr der Familie nach Schönberg, Realschule.
1888	Ausbildung an der Allgemeinen Gewerbeschule in Hamburg.
1891 - 1895	Dresdener Kunstakademie.
1896 u. 1897	Studienaufenthalte in Paris: Zeichnungen.
1898	Teilnahme an der Großen Berliner Kunstausstellung.
1899 - 1901	Berlinaufenthalt, Begegnung mit dem Verleger Reinhard Pieper.
1901	Rückkehr nach Wedel: Kleinkeramik.
1904	Fachlehrer an einer Schule für Keramik im Westerwald. 1. Ausstellung seiner Keramik im Kunstsalon Mutz in Berlin.
1905 - 1910	Berlin.
1906	Persönliche und künstlerische Krise.
2.8. - 27.9.	Russlandreise zu seinem Bruder: u.a. Kiew und Charkow. Skizzen und Russisches Tagebuch. Keramik: Bettlerin mit Schale, Der Melonenesser. Geburt des Sohnes Nikolaus.
1907	Mitglied der Berliner Sezession: Keramiken, erste Arbeiten in Holz.
bis 1908	Mitarbeit am „Simplicissimus": sozialkritische Zeichnungen. Teilnahme an Ausstellung der Sezession. 7 Plastiken und 20 Zeichnungen.

1909	Villa Romana-Preisträger, 10 Monate Aufenthalt in Florenz, Freundschaft mit Theodor Däubler.
1910	Umzug nach Güstrow / Mecklenburg. Ausstellung des Sonderbundes in Düsseldorf: 10 Plastiken.
1912	Erstes Drama: Der tote Tag mit 27 Lithografien. Reisen mit Däubler nach Wismar, Bad Doberan und Stralsund, Neubrandenburg.
1913	Vorstandsmitglied der Berliner Sezession. Güstrower Fragmente.
1914	Beginn des 1. Weltkrieges. Bis 1917 Güstrower Tagebuch. Der Rächer.
1915/1916	Drei Monate Landsturmsoldat in Sonderburg.
1917	Große Ausstellung in Cassirers Kunstsalon.
1919	Gründung der Weimarer Republik. Ordentliches Mitglied der Preußischen Akademie.
1920	Selbstmord der Mutter. Holzschnitte: Wandlungen Gottes.
1922	Erstes Ehrenmal in Kiel: Schmerzensmutter. Drama: Der Findling.
1923/24	Holzschnitte und Lithografien zu Goethes Walpurgisnacht und ausgewählten Gedichten.
1924	Kleist-Preis für dramatisches Werk. Drama: Die Sündflut.
1925	Ehrenmitglied der Bayerischen Akademie der bildenden Künste in München. Bekanntschaft mit dem Ehepaar Marga Böhmer und dem Kunsthändler Bernhard Böhmer.
1926	Gesamtausstellung der Holzskulpturen. Beginn der Lebensgemeinschaft mit Marga Böhmer.
1927	Güstrower Ehrenmal. Drama: Der Graf von Ratzeburg. Skulptur: Das Wiedersehen.
1928	Autobiografie: Ein selbst erzähltes Leben. Ehrenmal in Kiel: Geistkämpfer. Beginn der Kritik an seinem Werk.
1929	Magdeburger Ehrenmal. Auftrag in Lübeck: Gemeinschaft der Heiligen. Zunehmende Agitation gegen Barlach.

1930	Zahlreiche Ausstellungen zum 60. Geburtstag in Berlin, Essen, Kiel, Lübeck.
	Bronzegüsse von älteren Gipsvorlagen.
1931	Einzug in das Atelierhaus am Heidberg in Güstrow.
	Teilnahme mit fünf Bronzeskulpturen an der Ausstellung Moderne deutsche Malerei und Skulptur im Museum of Modern Art, New York.
1932	Sonderschau der Preußischen Akademie der Künste
23.1.1933	Rundfunkrede: Künstler zur Zeit.
30.1.1933	Machtergreifung der Nationalsozialisten.
1933	Ausstellung in Kunsthalle Bern.
	Entfernung des Magdeburger Ehrenmals.
1936	Zeichnungen beschlagnahmt.
1937	Abbau des Geistkämpfers in Kiel und des Güstrower Ehrenmals.
	381 Werke der Moderne in der Ausstellung „Entartete Kunst". Dabei Barlach mit zwei Werken: Skulptur: Wiedersehen und Zeichnungen.
	Generelles Ausstellungsverbot für Barlach durch Reichskammer der Bildenden Künste.
1938	Erzwungener Austritt aus der Akademie der Künste Entfernung des Hamburger Ehrenmals.
9.11.1938	Judenpogrom: „Reichskristallnacht".
24.10.1938	Barlach stirbt in Rostock. Beisetzung in Ratzeburg.
1954	Erste Barlach-Gedenkstätte in der Gertrudenkapelle in Güstrow.
1969	Tod der Lebensgefährtin Marga Böhmer.
1956	Das alte Vaterhaus in Ratzeburg wird Ernst Barlach Museum.
1962	Eröffnung des Ernst Barlach Hauses der Stiftung Hermann F. Reemtsma in Hamburg.
1970	Atelierhaus am Heidberg in Güstrow: Ernst Barlach Gedenkstätte.
1987	Geburtshaus in Wedeln wird Ernst Barlach Museum.
1998	Moderner Ergänzungsbau zum Atelierhaus am Heidberg in Güstrow.

Anschriften und Internetseiten

Ernst Barlach Haus Hamburg
Stiftung Hermann F. Reemtsma. Baron-Voght-Straße 50 a. 22609 Hamburg
www.barlach-haus.de

Ernst Barlach Gesellschaft Hamburg
Mühlenstr. 1. 22880 Wedel
www.ernst-barlach.de

Ernst Barlach Museum Ratzeburg
Barlachs Vaterhaus. Barlachplatz 3. 23909 Ratzeburg
www.ernst-barlach.de

Ernst Barlach Museum Wedel
Barlachs Geburtshaus. Mühlenstr. 1. 22880 Wedel
23909 Ratzeburg

Ernst Barlach Stiftung Güstrow
Atelierhaus. Heidberg 15. 18273 Güstrow. Gertrudenkapelle. Gertrudenplatz 1
18273 Güstrow
www.ernst-barlach-stiftung.de

Schloss Güstrow
Staatliches Museum Schwerin. Hans-Pfarr-Platz 1. 18273 Güstrow
info@schloss-güstrow.de

Ostseebad Rerik
Kurverwaltung
www.rerik.de

Heimatmuseum Rerik
Dünenstr. 4

Region Kühlungsborn, Rerik, Salzhaff, Halbinsel Wustrow
www.region-kuehlung-salzhaff.de
Hansestadt Wismar
www.wismar.de

Förderkreis St. Georgen zu Wismar e.V.
www.georgenkirche.de

Informationen zur Gotik in Lübeck, Wismar, Rostock, Stralsund und Greifswald
www.wege-zur-backsteingotik.de

Abbildungsnachweis

Für alle Barlach-Motive:
© Ernst Barlach Lizenzverwaltung Ratzeburg

Lesender Klosterschüler. 1930. Holz. Güstrow

Güstrower Dom. 1926. Zeichnung. Bühnenbild zum Drama der „Blaue Boll"

Lesender Klosterschüler. 1926. Kohlezeichnung. Güstrow. Nachlass

Wem Zeit wie Ewigkeit. 1916. Lithografie. 5.10.1916 in: „Der Bildermann"

Der Buchleser. 1936. Bronze. Güstrow

Die Dome. 1920. Holzschnitt. In: „Die Wandlungen Gottes"

© Staatliches Museum Schwerin
Der Evangelist Johannes. Kloster Dobbertin, um 1430. Eichenholz.
Staatliches Museum Schwerin. Standort: Schloss Güstrow

© Entwurf Landkarte und alle Fotos Friedhelm Niggemeier.
Die Ansicht Wismars ist ein bearbeiteter Ausschnitt aus dem Hinweisschild auf der
Autobahn A 20 in Höhe von Wismar.